大修館書店

阿辻哲次

漢字のいい話

Atsuji Tetsuji

kanji no ii hanashi

漢字のいい話——目次

漢字を楽しむ

遺跡と文物
―漢字の背景

漢字文化を考える

漢字をめぐる宇宙

漢字を楽しむ

虫歯の漢字学

パソコンやワープロが普及するにつれて、日常的な文書の中に使われる漢字が多くなったとよく言われる。戦後に定められた当用漢字や、その改訂版である常用漢字の三倍以上にあたる約六千五百種もの漢字が、コンピュータを内蔵した小さな機械で、いとも簡単に書けるのだから、これからの日本人が書く文章の中に漢字が増えていくのは自然の趨勢だろう。

しかし新聞ではいまだに常用漢字の「呪縛」から逃れられないようだ。先日（一九九四年二月十九日）の朝日新聞の「天声人語」でも、新聞では今も常用漢字外の漢字にルビをつけることになっていて、「鍋」も「釜」も「箸」もルビなしでは書けないと嘆いていた。

常用漢字に含まれない漢字を仮名書きしようとする結果、新聞などでは「まぜ書き」といわれる表記形態が使われる。たとえば「ら致」「えん罪」「誘かい」「覚せい剤」「けん制」「はく離」「破たん」「しょう油」などなど、その例はいくらでもある。

まぜ書きは、熟語の中に含まれる未習得の漢字や、一時的に思いだせない漢字（いわゆる度忘れ）の部分を、その場だけ仮にカナ文字で書いておくという小中学生のノートのようなものに見えるものではなく、日本を代表するような大新聞社の新聞に堂々と表記されるものなのである。しかしこの書き方は甚だ見苦しいし、また文意の理解を困難にさせるという欠陥もある。

まぜ書きは難しい漢字をなるべく使わないでおこうという意図から起こったものだろうが、しかしその発想には根本的な間違いがあると私は思う。重要なのは漢字を使うか使わないかということではなく、使用される語彙そのものがわかりやすいかどうかである。もともと難しい漢語では、どのように書こうとわかりにくいものだ。

新築のマンションを買って入居したばかりの友人から電話があって、「かし」とはなにかと尋ねられた。聞けばマンションに「かし補修の日程について」という掲示があったのだが、その意味がわからないとのことだった。この場合の「かし」は、漢字では「瑕疵」と書き、もともとは玉の表面にあるわずかなキズをいう。そこからこれは「キズ・欠点」を意味する法律用語として使われるのだが、「瑕」も「疵」も常用漢字に入っていないので、そのために公文書では平仮名で表記される。

しかし「瑕疵」は、「瑕瑾《かきん》」という熟語もほとんど使われなくなった現代の人には、相当に難解な漢語だろう。このような語彙だけはそのままにしておいて、しかもそれを平仮名で書くくらいならば、語彙そのものを改めて「微細なキズ」くらいの言い方にしておくほうがよほどすっきりしないだろうか。

このような難解な語彙は、特に医学用語に多いようだ。これは私自身の経験だが、いつの頃からか頬にイボができた。あまり大きくならないうちに取ってもらおうと、かかりつけの医院に行ったところ、「これはウイルス性のユウゼイですね」と告げられた。「ユウゼイ」は「疣贅」である。あとの漢字は「贅肉」という語彙に使われるからまだ馴染みがあるが、しかし「疣」はめったに使われない漢字だ。こういう言い方をされると、医学に無知な素人にはイボもなんだか格調の高い病気のような気がして、「先日ユウゼイを治療してね」と、しばらくの間は友人たちに自慢げに言い触らしたことだった。

医学用語に難解な漢字語彙が多いのは、もちろん日本の医学が過去の漢方医学の伝統をふまえているからで、明治以前は医者は同時に儒学者であるのが普通だった。そして西洋から近代医学が入ってきた時にも、新たな訳語を作るのにそれまでの医学用語が大量に導入された。その名残りが今も色濃く残っているのである。

子供が学校の歯科検診の結果を持って帰ってきた。見ると「う歯」という言葉がある。もちろん虫歯のことだが、「虫歯」というのは一般的な俗称で、専門的には「う歯」というらしい。「う歯」は漢字では「齲歯」と書かれるが、しかしこれを「ウシ」と読むのは実は誤読で、「齲」の音読みは「ク」だから、「クシ」と読むのが正しい。わざわざ難しい言葉を使いながら読み方を間違うくらいなら、最初から「虫歯」といったらどうだと私などは思うのだが、いかがなものであろうか。

おそらくほとんどの人に経験があるだろうが、虫歯が痛むのは実に辛いものである。特に夜中に歯痛で苦しむのは、情けないやら痛いやらで、大人でも眠れぬ夜を過ごす。それでも現代なら夜中に歯が痛みだしてもせいぜい一晩我慢し、翌朝一番に歯科医にいけばなんとかなる。しかし古代ではそうはいかず、地獄の苦しみを味わった人はきっとたくさんいたことだろう。

虫歯で苦しむ人の姿は、中国最古の文字資料である殷代の「甲骨文字」からもかいま見る

図1　「歯を病めり」の甲骨文字

ことができる。図版は甲骨文字を世間に初めて紹介した書物『鉄雲蔵亀《てつうんぞうき》』（劉鶚《りゅうがく》編）に収録される甲骨片（模写）であるが、ここに虫歯を病んだ記事がみえる。この片では文章は右から始まり、「貞病歯、不隹乙祟」（貞《と》う、歯を病《や》めり、これ乙の祟《たた》りならざるか）と読む。右から二行目の上の字が甲骨文字の「歯」で、それはご覧の通り大きく開けた口から歯が見える、大変にわかりやすい象形文字である。そしてその前（右行下）にあるのが「病」で、これはベッドに寝た人間が汗をかいている形をかたどっていて、そこから「病気」という意味になる。なおこの文章ではこの字は「病む」という動詞として使われている。

甲骨文字は国家や王に関するあらゆることがらについて卜《うらな》いをおこなって、神意を尋ねた記録である。そしてこの文章では、王の虫歯が痛みだしたのは、「乙」という名の祖先神のたたりではないかと、神に尋ねている。非常に古い時代では、虫歯は神のたたりと考えられていたのである。

その後も虫歯は人を悩ませた。漢代の名医として知られる倉公、名は淳于意《じゅんうい》はあらゆる病気を治療したが、彼は歯痛に悩む人に対して朝鮮人参を処方したスープを作り、それを一日に三升も使ってうがいをさせて治療したという話がある。歯痛を治療するには昔の中国でもずいぶん金がかかったようだ。

しかし虫歯を逆手にとって、魅力のひとつにした人物も中国にはいた。

後漢の梁冀《りょうき》（一五九年没）は父の地位を継いで大将軍（武官の最高位）となり、さらに実妹が皇后となったことから、二十年にわたって王朝内で自由自在にふるまったが、最後には専横のあまり討伐された人物である。その妻を孫寿《そんじゅ》という。彼女は生まれつきの美貌の持ち主であったが、さらには独特の媚態を演出することができたという。

伝記に「善《よ》く妖態《ようたい》を為す」と記される孫寿の媚態とは、「愁眉《しゅうび》」を施し、「折腰歩《せつようほ》」で歩き、そして「齲歯笑《くししょう》」で笑うことだった。「愁眉」とは眉を細くクネクネと描くこと、「折腰歩」とは「足 体の下にあらず」という記述から考えればモンロー・ウォークのような歩きぶりだったのだろうか。そして「齲歯笑」だが、これは注釈によると、虫歯が痛んで憂鬱な時のような感じで笑うことだという。なんとも理解に苦しむ笑顔だが、しかし彼女のこのような姿態が、やがて首都洛陽の女性たちの間に大流行したというのだから、中国はわからない国である。

それにしても、美人が歯を病んでいる時とはそれほどに美しいものなのだろうか。いつか友人の歯科医に聞いてみようと思う。

「みち」の漢字学

パソコンやワープロ専用機（以下の文中では「パソコンなど」と書くこととする）が社会に普及するにつれて、手書きの文章を見ることがだんだん少なくなってきた。自宅や職場で見る書類や手紙は、印刷されたもの以外、ほとんどがパソコンなどで書かれたものである。

もちろん個人的な葉書や手紙では、今でも手書きの文章の方が感情がこもっていて望ましいとされる。特に年賀状をめぐっては、手書きとワープロ書きのどちらがいいかといった問題についての議論が、新聞の投書欄などで毎年のようにさかんにとりあげられている。

しかし手書きの文章がこのように評価されるのは、今ではほとんど個人対個人の場に限られるようになった。公的な場で手書きが評価されるのは、もはや書道の作品や寄席・歌舞伎の看板など、特定の芸術的な世界だけであるといってもそれほど言いすぎではないだろう。

もし膨大な数の顧客に送るダイレクトメールを、一枚ずつ手で書いて出している会社があるとすれば、その会社は郵便物を通じての顧客に対する心配りを評価されるよりも、むしろ組織運営と企業経営の能力を疑われることの方が多いだろう。

役所や会社で作成されるビジネス用の書類はいうに及ばず、ＰＴＡや町内会の案内など、日常生活の中で接するごく身近な文書まで、今ではほとんどがパソコンなどで書かれるようになった。大学などはその最たるもので、学生から提出されるレポートでさえ、手書きのものはほとんど見かけなくなった。先日など、事務室から回ってきた書類に、「手書きはなるべくご遠慮ください」とはっきり書かれていた。

このように機械を使って日本語を書くようになってから、日本語の文体がしだいに変化しはじめた。とくによく指摘されるのが、パソコンなどで書かれた文章では漢字が多用される、という事実である。

これまでの長い間、漢字は難しく、覚えにくい文字とされてきた。漢字はそれぞれの字形が難しいだけでなく、さらには漢字を使って日本語を書くためには、かなりの数の文字を覚えなければならないという条件がある。ちなみに現在の日本で、日常の言語生活における漢字使用の目安とされている「常用漢字表」には全部で千九百四十五種類の漢字が収められているのだが、それだけでは足らないのが現実である。しかし英語ならばたった二十六字のアルファベットだけで文章が書けるのだし、大文字と小文字を区別したって、わずかに五十二種類にしかならない。日本語でも、もし漢字を使わずすべて平仮名かカタカナだけで書くのなら、せいぜい五十字たらずの文字を覚えれば用が足りる。だから漢字のような「前近代的」でめんどくさい文字を使わず、日本語を平仮名かローマ字だけで書こうという主張と試みが、かつてはさかんにおこなわれた。もちろん現在でもその主張はあるし、ローマ字だけで書かれた雑誌も、定期的に刊行されている。

一昔前の電報はすべてカタカナで書かれていた。だが年輩の方ならよく覚えているだろうが、それは非常に読みにくい日本語だった。「キシャ　ノ　キシャ　キシャ　デ　キシャス」と分かち書きにしても、それが「貴社の記者、汽車で帰社す」という意味であると理解するにはかなりの時間がかかる。また「フタエニマゲテクビニカケルジュズ」が「二重に曲げ手首にかける数珠」なのか、それとも「二重に曲げて首にかける数珠」なのか、句読点の付け方によっては異なった読み方が可能になるような場合もあった。つまりカタカナだけで書かれた日本語は読みにくいだけでなく、時には誤読を引き起こす可能性もあった。それに比べて、漢字仮名交じり文で書いた文章なら、意味がきわめて効率よく伝達される。それでこれまでの日本人は、子供の頃から大変な苦労をしてでもなんとか漢字を習得し、それを使いこなして日本語を書いてきたのである。

ところがパソコンなどの機械を使うと、難しい漢字がいとも簡単に書けるようになった。しかもその操作は、小学生だってその気になればすぐにマスターできるほどに簡単なものである。かくして多くの人が機械で漢字仮名交じり文を書くようになった。

機械で文章を書くことをとやかく批判する向きもある。だがそのこと自体を、私は言語表記環境の進歩と、肯定的にとらえたい。

パソコンなどが使われはじめた頃には、「御目出とう」とか「有難う御座居ます」といったような、過度に漢字を使いすぎた表記をよく見かけ、手書き論者にパソコン批判の恰好の材料を提供したものだ。しかし最近ではそんな文章はすっかりかげをひそめたようだ。たしかに簡単に書けるものだから、ついつい漢字を多用してしまう傾向がある事は否めないが、しかし節度を守って漢字を使うならば、機械で漢字仮名交じり文の日本語を書くことは決してとがめられるべきでない。

たとえば「憂鬱」とか「顰蹙」、あるいは「穿鑿」というような、日常的によく使われるものでありながら、漢字で書けば非常に難しくなる語彙がある。そのような難しい語を、字引きも見ずにすらすらと書けたのは、手書きの時代ならかなり漢字に明るい人間だけだった。だがそれが今では、キーボードをあやつって「ゆううつ」「ひんしゅく」「せんさく」と入力し、変換操作をするだけで、パッと漢字が画面に出てくる。まことに便利になったものだ。これからの日本語表記で、こんな優れた手段を使わない手はないのである。

さてここからが本稿の主題である。

こうして漢字を書くのが楽になったおかげで、近頃よく見かけるようになった言葉のひとつに「魑魅魍魎《ちみもうりょう》」がある。

なんでも分析的に考えるのが好きだった古代の中国人は、「魑魅魍魎」のうちの「魑」は虎の形をした山の神、「魅」はブタの頭をした沢の神、というように、それぞれの字に独自の意味を定義した。しかしこの言葉は全体として、山川や森林・沼地などに生息する怪物の総称としてもともと作られたものである。古代ではいたるところにあった原生林などに、このようなおそろしい化け物がみちみちていると人々は信じていた。

ちなみにこの恐ろしい化け物は、現代の日本人にとっても無縁ではない。「魅力」や「魅惑」という時の「魅」だって、もともとこの「物の怪」の意味に由来するのである。「魅」という字が《鬼》と発音を示す《未《み》》からできているのはそのためで、「鬼」とはもともと人間が死んだあとの霊魂をいう。「物の怪」である「魅」は、人を惑わし危害を加えることを好んだ。だから魅力とは、相手の存在を危うくするほどに強く引きつける力、がその原義である。魅力的な異性に人生を誤った男女が多いのも、言葉の原義から考えればむしろ当然かもしれない。

それはさておき、昔むかし中国に「渾沌《こんとん》」「窮奇《きゅうき》」「檮杌《とうごつ》」「饕餮《とうてつ》」という、難しい名前をもつ四人の人物がいた。この四人はいずれも人格の優れた帝王の子孫として生まれたのだが、しかし正しい行動を嫌って、ろくでもないことをしでかしたり、あるいは物欲の強い貪欲な人物であったりと、出来の悪い子どもばかりだった。そんな彼らを見かねた時の帝王が、彼らを人間社会の四方の隅に追いやり、山林や原野から人間の社会にやってきては危害を加えようとする「魑魅魍魎」に対する防衛の任務を与えた。こうして社会には悪人がいなくなり、そして怪物もこなくなって、人々はようやく平穏に暮らせるようになったという。

この時の帝王は、舜《しゅん》という名の聖人であった。舜はただ単に不肖の息子たちを追放して、人々を魑魅魍魎から守る番人としただけでなく、さらには彼らの姿を青銅器の外側に描き、神さまに供えられる神聖な食物に魑魅魍魎たちが近づかないようにもしたという。

古代中国は非常に宗教的な時代であり、王や王の周辺にいる貴族たちは、自分の祖先に対する祭祀をきわめて厳粛に、かつ規則正しくおこなっていた。この祭祀で彼らは祖先の霊魂の平安と子孫への加護を祈り、そのために犠牲の動物と盛大な食物、あるいは酒などをお供えした。それはちょうど、今の私たちが夏のお盆の時などに多くのお供えを仏壇の前に並べるのと基本的に同じ行為であり、ただ祭祀の回数と量が決定的にちがうだけである。

こうして祖先に供えられた食物や酒は、神さまが召しあがる、きわめて聖なるものである。したがってそれを盛りつける容器は通常のものでなく、特別なものが用意された。その時に使われたのがさまざまな青銅器である。

祭祀で使われた青銅器には、肉を煮るための鍋や食物を盛る鉢、あるいは酒を入れる壺、また酒を飲むための杯など非常に種類が多いが、それらはいずれも今から三千年以上も前に作られたものとはとうてい思えない、美術工芸史上の精華というべき見事なものである。

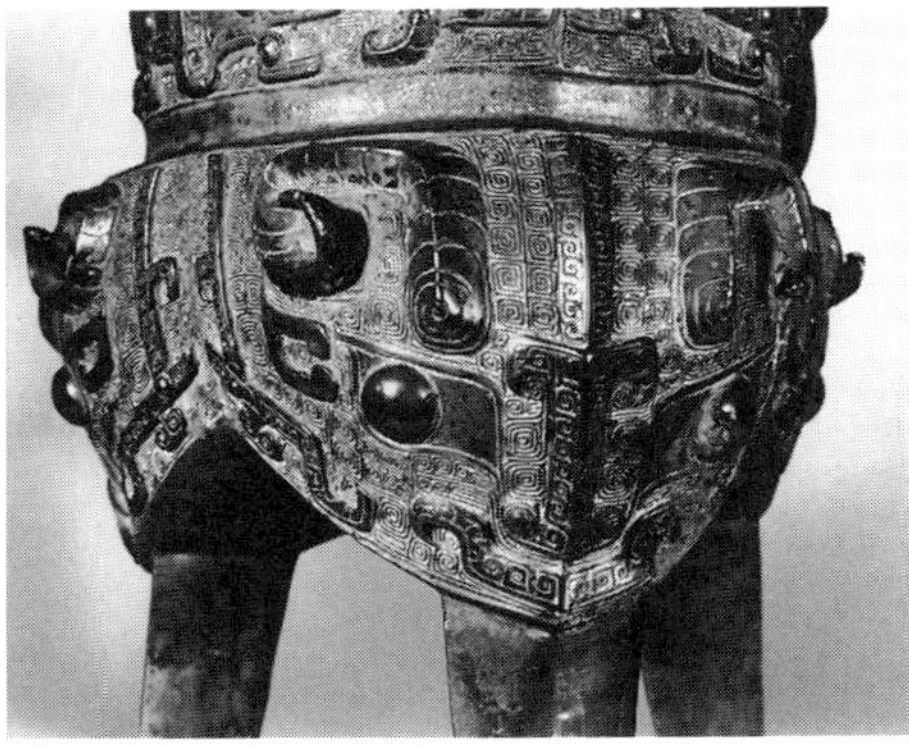

図2　青銅器に描かれた饕餮文（泉屋博古館提供）

この青銅器の外側に、しばしば「饕餮文《とうてつもん》」と呼ばれる紋様が装飾として加えられている。饕餮とは先に述べた伝説上の悪者の一人であり、彼は貪欲な大食家で、悪食のあまりちまたにただよう悪霊まで食ってしまうことがあったという。それで彼には祖先を祭るお供えを盛った青銅器に近づこうとする悪霊をおどして、それに近づけさせないという使命が与えられた。

実際の青銅器に描かれた饕餮は、顔は正面を向いているものの、首のあたりから体の中心線にそって左右に開かれ、正面と側面を同時に見せたような形になっている。顔の真ん中を通る一本の軸を中心として、左右対称に両側に角・眉・目・胴などが均等に配置されている。とりわけ目が重点的に描かれて、青銅器を眺める者をにらみつけているようだ。なるほどこの怖い形相なら、悪霊もそうやすやすと青銅器には近づけなかっただろう。

古代人の観念によれば、山林や原野のいたるところに物の怪や悪霊が跋扈《ばっこ》していた。その悪霊たちはことあるごとに人間の社会にやってきて、さまざまな凶事をおこなおうとした。しかし聖天子が四方に番人を配置してくれたり、神聖な青銅器の外側に恐ろしいイメージを描いたりしたので、魑魅魍魎はそう簡単には人間に近づけなくなった。それでも人間がいないところでは、魑魅魍魎たちは相変わらず自由自在に跳梁《ちょうりょう》することができたのである。

はるか昔、人間は高く築き上げた城壁で囲まれた集落の内側に、かたまって暮らしていた。そして広大な大地には、そのような人間の暮らす集落がポツポツと点在していた。しかし集落と集落をつなぐ道は、どこにもまったくなかった。集落と集落の間には無人の荒野が広がっているだけであって、そこにはもちろん魔よけの装飾を施した青銅器もないし、魑魅魍魎を防ぐ番人の効力もそこまでは届かない。つまり原野にはさまざまな「魑魅魍魎」が跋扈していたのである。

今ある人が、なにかの必要があって、隣の集落に向かわなければならなくなったとする。

現代の私たちの目の前には、いつか誰かが作ってくれた「道」があるから、移動する者はその道を利用すればよい。しかし初めて移動する者の前には、既成の道などどこにもない。つまりその人は道を創りながら移動しなければならなかった。

隣の集落までの間にある荒野には、いたるところに悪霊が跳びまわっていた。だから道を創る人は、悪霊をはらいよけながら進んでいかねばならなかった。その時に、古代中国人が悪霊を追い払うために使った道具は、なんと異民族の生首であった。

隣の集落に向かう人はあたかも夜道を行く人が提灯をもつように、人間の生首を魔よけとして手に持って進んでいった。こうして作られたのが「みち」であり、だから「道」という漢字は、シンニュウと《首》からできているのである。

ふだん私たちがなにげなく歩いている道にも、実はこのようにおどろおどろしい古代の実態が隠されていた。しかし恐ろしいのは決して古代だけではない。リストラによってあたり一面に「生首」がゴロゴロと転がる時勢である。この生首が悪霊払いの効果を発揮して、雇用状況の改善と景気回復をうながす「道」が、どこかに作られないものだろうか。

「妻」の原点を探れば

「富士の高嶺に降る雪も」ではじまる「お座敷小唄」が大流行した頃、私はまだ小学生だった。大人向けの歌とはいえ、明るく軽快なメロディだったから小学生にも歌いやすかったが、ただ歌詞にある「妻という字にゃ勝てやせぬ」という一節は、小学生にはどうにも理解できなかった。もちろん「妻」とは奥さんのことだとはわかっているのだが、それが「妻」という漢字といったいどうつながるのか、その微妙なニュアンスが、子どもにはわかるはずもなかった。

女性を意味するさまざまな漢字のなかで最もよく使われる「女」は、もともと手を前に組み合わせ、ひざまずいた人間をかたどった象形文字である。女性がこのようにひざまずいた形で描かれた背景には、古代の中国において女が男より一段低い隷属的な地位におかれていたという事実がある。昔の封建的な中国でつくられた漢字には、このように男尊女卑的な、けしからん思想が内包されているといわれれば、「女」という字に関してだけはそのとおり

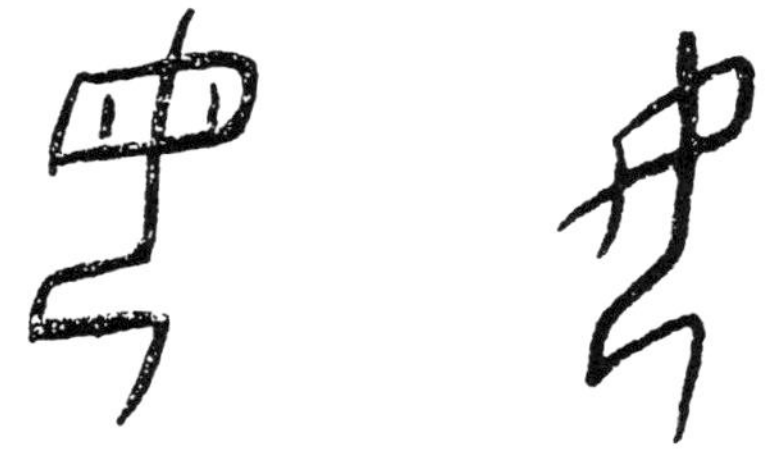

図3　甲骨文字「女」（右）と「母」

です、と認めざるをえない。

しかしそれ以外の女性を表す文字は、決してそんなにひ弱で虐げられた背景をふまえてつくられたものではなかった。女性ははるか昔から、たくましく、そしておおらかに、力強く生きていたのである。

「女」という字の中央の部分、人間の体でいえばちょうど胸にあたるところに点を二つつけ加えると「母」という字になる。この二つの点は、もちろん乳房を表している。ちなみに今の「母」という字にあるふたつの点は、ほかでもなくその乳房の名残である。乳房は未出産の女性にもあるし、男にだってついている。しかし乳房が果たすべき最も重要な働きは、異性を惹きつけるセックスアピールとしてそれを機能させることなどではなく、赤ちゃんに母乳を与えることだ。だから、〈女〉という大きな集合のなかから、〈母〉というより小さな概念を取り出すための、最もわかりやすい要素は乳房だった。豊かな乳房を強調することで〈母〉を表現した古代中国人の思考には、女性が子どもを限りなくいつくしみながら育てる、たくましくて大きな愛情が感じられる。

こうして母となった女性は、ほとんどの場合、一家を切り盛りする主婦としても活躍する。ここに「婦」という漢字が登場するが、「婦」のツクリにある《帚》の上に《竹》をつけると「箒」つまりホウキとなる。《帚》は掃除に使うホウキの象形文字である。だから「婦」とはホウキを手にする女であり、この字は女性を掃除などの家事にしばりつける、きわめて封建的な「男尊女卑」思想を宿したもの、と世間ではしばしば解釈される。

だがそれは実は大きな誤解である。「婦」のツクリにあるホウキは、そのあたりを掃くためのものではなく、家の中で最も神聖な場所である祭壇を清めるためのものなのだ。だからそれを管理する「婦」は、非常に神聖な職務につく女性であり、具体的には王妃のことだった。「婦」を「掃除をする」女性と考えるのは、単に字源の俗解にすぎない。

図４　甲骨文字「妻」

そして「妻」である。結婚すれば男は「夫」となり、女は「妻」となる。このふたつの漢字は頭の部分が共通していて、どちらも髪にかんざしのような飾りをつけた形に描かれる。「夫」とは人が直立した形を正面から描いた《大》の頭部に飾りをつけた形であり、「妻」も同じく頭にかんざしを挿した盛装の女性であるがこちらは先が三本にわかれていた。おそらく古代の結婚式では、新郎新婦はこのような髪飾りをつけたのだろう。

男の前にひざまずいていた「女」が、やがて年頃になると伴侶を得て「妻」になる。この「妻」という字には、人生最大のイベントである結婚式で美しく装い、華やいで輝く女性の姿が表現されていて、男の前にひざまずいていた暗いイメージはそこにはもはやまったくない。

この「妻」がさらに「母」になると、乳房によって自分の分身と緊密に結びつく。女はこのとき、夫との間にそれまで存在していた一対一の関係を捨て、新たに一対多の関係をもつ存在として、男の前に雄々しく現れる。子孫の継承と人類の繁栄に直結する母とは、まことに強いものだ。この強さによって従来の関係は逆転し、今度は神妙にひざまずく順番が、男の側にまわってくる。

「男尊女卑」から「母尊父卑」への転換を文字で表現すれば、「妻」という字がちょうどそのターニングポイントにある。はるか昔「お座敷小唄」の歌詞を理解できなかった小学生はいま漢字学者となり、このように考えたあげく、なるほど「妻という字にゃ勝てやせぬ」わけだと、ひとり物思いにふけるのである。

北京の「漢蔵屋」

最近わが家の近所にある美容院がリニューアルした。以前とは見ちがえるようにきれいになり、改装とともに店名まで変わったのだが、まもなく古希を迎える私の母は、新しい店名につけられた「サロン・ド・ボーテ」という言い方がいまだに覚えられない。

「サロン・ド・ボーテ」とは、少し前までの美容院が好んでつけていた「ビューティ・サロン」をフランス語にしたものだろうが、町の小さな美容院にはいささか大げさすぎる、と私などは失礼ながら思う。しかし内装も外装も一新して、従業員（これもハイカラに「スタッフ」と呼ぶらしい）も何人か新規採用した美容院は、相当に気合が入っているらしく、連日多くの客でにぎわっている。

「髪結いの亭主」という言葉は今ではほとんど死語に近く、女房の稼ぎに頼ってのうのうと遊んで暮らす男は、いつのまにか「ビューティ・サロンのマスター」に出世していたが、ついに今度は「サロン・ド・ボーテのムッシュー」にまでのしあがったらしい。

ところで美容院のことを、最近の中国では「髪屋」と書く。「髪屋」などという漢字の並びを一見すると、「トップのボリュームが気になる人」のための「かつら販売店」かとも思えるが、しかしこれはれっきとしたパーマ屋であり、それも北京や上海など大都会の目抜き通りにある大きな美容院ほどこの名称を使う傾向にある。

「髪屋」とはもともと台湾で使われていた言い方だった。私が初めて台湾を旅行したのは一九八五年のことだったが、台北の町を歩いている時に「髪屋」と書かれた看板を初めて見た時、非常に奇異な感じを受けた。というのは、「屋」という漢字を職業や商店の名前につけるのは日本だけの使い方で、中国語にはそのような使い方がなかったからだ。ちなみに中国語では、「屋」は「部屋」という意味で使われる漢字である。

美容院を台湾で「髪屋」と書くのは、日本語での漢字の使い方によるものである。台湾は昭和二十年八月まで日本の占領下にあった。人々は「日本人」として日本語を使い、日本式の学校教育を受けさせられた。そのような暗い歴史が終わって、今年でちょうど五十年になる。しかし日本統治時代の名残りを、台湾では今もいたるところに見ることができる。

年配の人にはきわめて流暢な日本語を話す人が多いし、売り出される新築マンションでは、畳を敷いた「和室」のあるタイプに人気がある。台湾名物の屋台にはにぎり寿司屋もあるし、汽車で販売される弁当の人気メニューのひとつは「いなりずし」である。

美容院のことを「髪屋」というのも、日本統治時代の漢字の使い方の名残りである。しかし中国大陸では、「屋」という字をその意味で使う用法がないはずである。すくなくとも、これまではそのような用法は中国語にはなかった。しかし最近では美容院のことを「髪屋」というのが普通になった。そしてさらにこの「屋」の使い方が、今では他の業種にもどんどんと広がりつつある。

先日北京に行った時、中国の友人から食事に誘われた。「最近できた店で、うまいものを食わせる」と友人が連れて行ってくれたその店の看板には、なんと「美食屋」と書かれていた。たぶん「グルメ・ショップ」のつもりでの命名だろうが、実態としては日本のホテルなどによくある洋食のバイキングであった。なおこの店は、冬は「火鍋屋」（鍋料理店）となる由である。

別の日に北京市内を歩いていると、「漢蔵屋」という看板を掲げた小さな店があった。入ってみると、民家を改装したと思われる店内では、チベット仏教で使われる仏像や仏具、それにチベットの民芸品などが販売されていた。「藏」とは「西藏《チベット》」の「藏」であったが、店員はチベット族ではなく、ごくふつうの漢民族の若者だった。

今の中国には「○○屋」が激増している。これは明らかに台湾での漢字の使い方が、おそらくは香港経由で、中国に入った結果である。

中国政府が改革開放政策を採りはじめてから、十年以上の時間が経過した。また香港返還と連動して、台湾との統一問題についても大陸は積極的である。墓参と肉親訪問のための台湾からの里帰り客を歓迎し、さらには台湾企業からの投資を熱烈に呼びかけるご時世である。

北京の町中にある「髪屋」や「美食屋」が連日繁盛しているのを見るにつけ、世界屈指の経済力を背景とした台湾社会の文化が、かつての内戦など何事でもなかったように、着実に中国大陸の市民社会に浸透しつつあることを強く感じる。そして同時に、言葉が日々に変化する生き物であることを、いまさらのように感じさせられる。

夏こそギョーザ

最近は「夏バテ」する人がほとんどいない、と友人の医者が話していた。もちろん酷暑の折に食欲が減退し、体力がダウンすることはあるが、昔のようにまったくものを食べられず、寝こんでしまうような人は皆無に近いそうだ。

理由は、もちろんエアコンの普及による。電車もバスも冷房完備だし、レストランと自宅を問わず、今の日本では食事する場所が暑くてたまらない、という場所はめったにない。そのため暑気あたりによる食欲減退がめっきり少なくなったそうだ。

暑さを乗り切るにはバランスの取れた食事がもっとも重要で、むしろ夏こそしっかり食べろ、と我が友人は繁華街の庶民的な中華料理屋で、ギョウザをもりもり食べながら教えてくれた。

日本の中華料理店ならどこでもメニューにギョーザがあるが、中国では、たとえば上海や南京ではギョーザを探すのに少し苦労する。どうしても食べたければ、「北方水餃」という看板の出ている店をさがす必要がある。さらに首尾よくギョーザを見つけても、それはおなじみの焼き餃子ではない。あれは中国では「鍋貼《クオティエ》」といい、「餃子《チァオズ》」とは別の料理とされる。中国で「餃子」といえば、それはかなり弾力性のある厚い皮で包んだギョウザを鍋でゆでた「水餃子」のことである。

餃子はもともと黄河より北の地域で好まれる、主食と副食を兼ねた手軽な食べ物である。そして特に「春節」、すなわち旧正月には欠かせない食品である。新年を迎えるために、現在でも北京の人は大晦日の前に山のように餃子を包み、正月の間ずっとそれを楽しむ。

「餃」という漢字が文献に現れるのは明の時代からだが、食品としてはすでに五〜六世紀ぐらいからあった。ギョーザは古くは動物の角のような形に包まれたらしく、「粉角」とか「角子」とか呼ばれた。そこから「角《チァオ》」と同音の《交《チァオ》》に《食》ヘンをつけて、「餃《チァオ》」という字を作ったようだ。

餃子はめでたい食品であって、新婦の実家に初めて里帰りしてきた新婚夫婦をもてなすのにもギョーザが使われた。ただしその時にはわざと生煮えにして二人に食べさせる。そして新婚夫婦にむかって「餃子はいかがですか？」と尋ねると、夫婦は当然「生です」と答えることになる。

生煮えの餃子を食べさせられる夫婦も気の毒だが、しかしこれには裏があって、「餃子」は「交子」、つまり子供を授けるという表現と発音が非常に近い。そして夫婦が答える「生」という字には、餃子がナマであるという意味と別に、もちろん「うむ」という意味がある。「餃子はいかがですか」との問いは実は「《交子》はいかがですか」との意味であって、生煮えのギョーザにひっかけて、子供を生みますよ、と夫婦は答えさせられるわけである。文字の国ならではのウィットである。

寒さを克服する方法

例年に比べてずっと暖かい冬だが、それでもテレビの天気予報などに、「西高東低」とか、「冬型の気圧配置」という表現が聞こえるようになった。晴雨を予測する画面の上では、北海道や東北、それに日本海岸といった地域に、しばしばかわいい雪だるまのマークがつけられる。北国では今年も冬将軍がやってきたようだ。

比較的温暖な関西に暮らすわが家では、たまに雪が降ると子供たちは大喜びしてはしゃぎまわるが、連日のように雪に埋もれる北国の生活は、さぞ大変だろうとご同情申し上げる。冬はこれからがいよいよ本番で、しばらくは寒い日々が続くだろう。こんな日には、こたつに入ってミカンなど食べ、のんびりとテレビを見るという小市民的な幸せにひたるのが最高だと思うのは、決して私一人ではないだろう。

それでも各種の暖房器具が整った現代ならば、少々寒くてもなんとかなる。しかし昔はなかなか大変だった。そんな古代人の防寒の様子を示すのが、「寒」という漢字である。

図5　甲骨文字「寒」

今から三千年ほど前に使われていた字形では、「寒」は《宀》の下に二つの《艸》と《二》がある形に描かれている。《宀《ウカンムリ》》は家の屋根を表し、その下に《艸《くさ》》が二つあって、《二》はおそらく布団を敷いた形を表している。

つまりこの字は、家の中に枯れ草やワラを積み上げ、そこに蒲団《ふとん》を敷くことを示していて、そこから「さむい」という意味を表すしくみになっている。古代中国人は枯れ草やワラを廃棄物とせず、ちゃんと上手に利用していたのである。流行のことばでいえば、「地球に優しい防寒方法」とでもなろうか。

中学生の頃、よく友人たちと山歩きに出かけていた。ある時キャンプに行くことになり、必要な道具を買いに大きなスポーツ用品店に行った。寝袋を買おうといろいろと物色していると、なんと「二人用の寝袋」というものがあった。おりしも性的好奇心が非常に強い年頃だったから、テントの中でこれを使用している状況を妄想し、友人たちと大いににやにさがったものだった。カップルで冬山に行っても、二人でシュラフにくるまれば、防寒効果は絶大にちがいない。

私もいちどでいいから、ウカンムリの下に《男》と《女》を並べて「さむい」と読んでみたいものである。

寒さを克服する方法

点画にこだわりすぎた男の話

秋は海山の珍味がいろいろと出そろい、食卓が賑わう季節である。町中でも、「天高く馬肥ゆる秋」という表現があちらこちら目につくようにもなった。

馬でも太るのだから、人間さまが太るのは当然だとばかりに、我が家では全員が旺盛な食欲を発揮する。だがこの格言（?）はそんな平和なグルメ時代を謳歌したものではなく、もともとは外敵が馬に乗って領土内に侵入してくることに対する警戒を呼びかける詩の一節だった（もとの詩の作者は杜甫の祖父にあたる人物である）。

中国北方に暮らす遊牧民は、馬に筋肉がつく季節になると、万里の長城を南に超え、中国領内に侵入して略奪をおこなう。だから秋には外敵の侵入に気をつけよ、というわけである。

「馬」という字は、現存最古の漢字である「甲骨文字」の中にすでにあって、長いたてがみを強調したわかりやすい象形文字で書かれている。そのように、「馬」が実際のウマの形をかたどってできた漢字であることは、ずいぶん前から知られていたらしい。

前漢の石建《せっけん》は大変に誠実で、生真面目な人物であった。その人がある時、皇帝に上奏文を差し出したところ、なにか不備があったようで、差し戻されてきた。不思議に思った石建が読み返してみると、文中にある「馬」という字の、下の点がひとつ少なかった。

それを知った石建は大いに驚き、いずまいを正して、「馬は足と尻尾をあわせて五つあるべきなのに、自分の書いた文字は四つしかなく、一つ足りない。これは死刑に処せられるべき罪である」と述べたという。

石建が生きた漢代には隷書《れいしょ》という書体が使われていたが、隷書での「馬」は今の字形とほぼ同じである。「馬」という字の下にある点はウマの四本足を、右下にある曲がりは尻尾を、それぞれかたどったものである。しかし石建が書いた「馬」は、点が三つ、つまり足が三本しかなかったようだ。

石建は「馬」が象形文字であることをはっきり認識していた。その点では非常に優れた人物であった。だがいかに象形文字であっても、またいかに皇帝が読むものではあっても、たかが点をひとつ落としたくらいで死刑とはずいぶんおおげさな話である。もしそんなことで死刑になっていたのだったら、日本や中国の人口は今ごろ数十分の一、いや数百分の一くらいになっていただろう。思えばいい時代に生まれあわせたものだ。

地震とハマグリ

自宅が西宮市にあるものだから、今年（一九九五年）早々の大地震では筆舌に尽くしがたい激しい揺れを経験した。ただわが家は六甲山の北側に位置するので、被害もごく軽微にとどまり、ライフラインもその日のうちに復旧した。地震で大きな被害を受けられた方に対して、心よりお見舞いを申し上げる。

ところで「地震」という言葉は、文字通り「地が震える」ことである。しかし「震」という漢字は、雨カンムリがついていることから推測されるように、もともとは気象現象に関する文字だった。

後漢の時代、西暦では一〇〇年ちょうどに作られた最古の漢字研究書『説文解字《せつもんかいじ》』は「震」という字に「劈歴《へきれき》なり、物を振るわすものなり」という訓を与えている。ここに見える「劈歴」とは「霹靂《へきれき》」、すなわち「青天の霹靂」という時のそれで、急に激しく鳴る雷のことである。それが「ふるえる」という意味で使われるようになったのは、雷鳴にともなう激しい空気の振動から連想されたものである。

さてこの漢字は《雨》と《辰》という二つの要素を組み合わせたもので、《雨》の方は気象に関する現象という意味を表しているが、《辰》は単にシンという発音を表すためだけに使われている。このように意味を示す要素（「意符」という）と、発音を表す要素（「音符」）とでできる文字を、漢字の作り方では「形声」という。

形声文字での音符は、単に発音を表すだけで、意味表示機能をもたないのが普通である。しかし「震」の他に「振」や「娠」、それに「蜃」など、《辰》を音符とする一群の漢字を考えると、そこにはどうやら「揺れ動く」という意味が存在すると考えられる。「振」とは手で揺り動かすこと、「娠」とは妊婦の体内での胎児の胎動をいう漢字である。また「蜃」は「蜃気楼」という言葉に使われているが、それは空気がゆらゆらと揺れる現象である。

蜃気楼は大気の密度が温度差にともなって異なることによって生じる、光の異常屈折現象だそうだが、古代中国では、それは海中にいる大きなハマグリが起こすものと考えられていた。『説文解字』では「蜃」に「大蛤」という訓を与えている。そしてその大ハマグリは、なんと山に暮らすキジが姿を変えたものであったという。

キジがハマグリに変身とはずいぶん荒唐無稽な話だが、しかし由緒正しい儒学の経典にも、ちゃんとそう書かれている。礼儀作法の基本的な理念を述べた経書『礼記《らいき》』の中に「月《がっ》令《りょう》」という一篇がある。これは自然界や人間社会での各月の移り変わりを述べた「月暦」なのだが、その十月の部分に「水は始めて氷り、地は始めて凍《い》て、雉《きじ》は大水に入りて蜃となる」という一節がある。キジが海中に入ると「蜃」になるそうな。そしてこの大きなハマグリが、海中で呼吸をして吐き出した息が蜃気楼となり、地中で暴れると、地面が激しく振動する。古代中国人はそのように信じていたのである。

図6　ハマグリの吐く蜃気楼

大震災から半年以上たち、被災地では復興が着々と進んでいる。しかし食卓にのぼったハマグリを見れば、今でもあの忌まわしい地震を思い出すというのは、きっと漢字学者の悲しい習性なのだろう。

中国の「バードウオッチング」

西暦二〇〇一年のこと、小学生の息子が中国史に少し興味をもちだしたので、仲のいい友人たち数家族を誘い、春休みに北京旅行としゃれこんだ。十年来の悲願であるオリンピック招致を目指してか、北京はおりしも大改造の真っ最中で、街は見ちがえるほどきれいになっていたし、祝日でもないのに大規模で豪華なイルミネーションが夜おそくまであちらこちらに輝いていた。なるほどこれなら大阪などまったく勝ち目がないな、と思っていたら、案の定その通りになった。

一千年近い歴史を誇る伝統的な首都であるとともに、近代的な都市へ脱皮しようとする北京の姿に、大人はそれなりの感動をうけていた。しかしすでに経済大国となってからの日本に生まれ育った子どもたちは、そんな近代的都市への変貌を遂げようとするプロセスにはなんの興味も示さず、彼らの目的はひたすら歴史と美食にあった。

北京の西北郊外にある頤和園《いわえん》にいった。ここは清朝末期の中国を牛耳った西太后《せいたいごう》が、アヘン戦争の敗戦を教訓として海軍を建造するために予算に計上した資金をつぎこんで自分好みに改造させたといわれる豪壮な離宮であり、今も西太后にまつわる建物や遺物が数多く保存されている。とりわけ京劇を好んだ彼女が時の名優たちを呼び寄せてはなんども上演させた舞台は圧巻で、その回りには彼女が実際に使っていた諸道具が今もほぼ完全な形で多数残されている。彼女こそ清朝滅亡の張本人といっても過言でないのだが、今では貴重な観光資源を残してくれた人物として観光業界から感謝状を贈呈されても不思議ではないほどに、国内外の観光客が頤和園に押し寄せる。贅沢も常軌を逸脱するまでにいきつくと、立腹や慨嘆を通り越して、感嘆の対象になることの、まことにわかりやすい見本である。

彼女の時代にはもう写真があったから、何枚かのスナップ写真が今に伝えられている。写真で見る西太后は見るからに気が強く、強欲そうなばあさんで、それが宮殿の花園でお気に入りの宦官を周りにはべらせ、自分は蓮の花に囲まれながら観音さまの格好をして遊んだりしているのだから、近頃の若者のことばでいえば「超むかつく」光景である。

西太后はまたたいへんなグルメとしてもよく知られていた。世界でもおいしい料理の代表とされる中華料理の本国で、ましてやどのような食材だって手に入る最高の権力者のことだ

図7　西太后と香果

から、西太后の食卓には「山海の珍味」というような単純なことばではとうてい表現できないものばかりが並んでいたようだ。

残念ながら彼女の食事中の写真を私はまだ見たことがない。おそらくそのような時には写真など撮らせなかったのだろうが、しかし居間として使っていた宮殿でくつろいでいる西太后の写真は何枚も残っていて、よく見ると彼女が座っている横や後ろには、かならずといっていいほどに大皿に山盛りの果物が置かれている。

果物はリンゴか桃のように見えるが、これは実は食べるためではなく、西太后がいつも新鮮な果物の香りで包まれるようにとの配慮から置かれていたものだった。果物は時間がたてばだんだん香りがなくなる。それで西太后の周りの果物は、一日に五〜六回も取り換えられた。西太后は香りには非常に神経質な人物だったらしい。

グルメが香りにこだわるのは当然である。香りは生活する場の雰囲気を左右するだけでなく、食事の楽しさにも大いに影響をあたえるからだ。特に日本酒やワインは、香りのよしあしが評価を大きく左右する。

現在の「香」という字を分解すると《禾》と《曰》になるが、《禾》は「黍《きび》」の、《曰》は「甘」(あまい・うまい)の省略形であり、この字はもともと「キビで作ったおいしい酒」を意味していた。それがやがて、酒が発するいい匂いを意味するようになり、さらに広く一般の匂いを意味するようになったのである。私などは果物よりもむしろ、文字本来の意味である馥郁たる酒の香りで身の周りを充たしたいものだと思う。

西太后の写真でバックに見える果物について、そんな解説を子どもたちにしていると、それほどの贅沢をしていたのだから、西太后はきっと毎日のように北京ダックを食べていたのだろうなぁ、と一人の子どもがつぶやいた。中国での最高のごちそうは北京ダックであると信じているところがなんとも単純でかわいいものだが、今の北京で西太后時代の宮廷料理をウリにしているレストランには、「北京ダック」という品目がメニューにない。あれはおそらく庶民的な食べ物だったのだろう。そのかわり、その宮廷料理レストランでは、前菜がカラフルな鳳凰の形に見事にもりつけられて出てくる。皇帝は龍をシンボルとしたが、西太后は女だから、龍の代わりに鳳凰をシンボルとしたというわけだ。

鳳凰といえば、かつて鳳凰の卵が食用に供されたという伝説がある。それによると、むかし聖人が国を統治していた時代には鳳凰が世間のいたるところにいたのだが、ある時、一人の人間が偶然に鳳凰の卵をみつけ、それを食べてしまった。これが原因で、鳳凰が人間の社会から姿を消してしまった。それで後の時代の人はしかたなくニワトリやアヒルの卵を食べるようになった、というのである。ずいぶん人を馬鹿にした話だが、中国人は原則として生卵を食べないから、鳳凰の卵も目玉焼きにでもされたのだろうか。

卵でも肉でも、中国でよく食べられる鳥はニワトリかアヒルだが、その調理の方法はまことにバラエティに富んでいて、レストランのメニューの鳥料理の項にはおどろくほど他種類の料理が並んでいる。しかしそれらの鳥肉料理欄には、「鶏」とか「鴨」という字があるだけで、「鳥」という漢字がまったく使われない。日本で「焼き鳥」といえば確実にニワトリの肉だが、中国料理では「鳥」といっても何の肉かわからない、というのがその主な理由なのだが、もうひとつ、過去の中国語での「鳥」はあまり穏やかな文字ではなく、かなり特殊な意味で使われることがあったからだ。

この字は時として、男性性器を意味することがあった。「鳥」を指すニィアオ（niǎo）という発音が、男のモノを意味するディアオ（diǎo）——漢字もあるのだが、通常は伏せ字にされるので、ここでもあえて書かない——とよく似ているので、「鳥」がやがて男のモノを指して使われるようになり、さらに「このチ〇ポコ野郎」という品のない罵倒語としても使われた。

明の時代のこと、ある高級官僚のイチモツにできものができた。それを知った田舎者が、イチモツを薬液で洗ってさしあげたところ、できものがきれいになくなった。すっかり喜んだ官僚は、謝礼の意味をこめてその田舎者を役人に取りたててやった。しかしそんなみっともない行為で官界に進んだゴマすり役人を、世間の人々は「洗鳥役人」とからかったという。

過去の中国で鳥を焼いて食べることはあったが、それを「焼鳥」とは呼ばなかった。もちろん「バードウオッチング」などという趣味は、絶対に存在しなかったはずである。

象とペリカン——古代中国の珍獣世界

子供が生まれ、少し大きくなると、動物園が恰好の「家族サービス」の場として急に身近な存在となる。小学校時代に学校の遠足などで行って以来、子供のお相手で久しぶりに動物園に出かけたという経験をお持ちの方も少なくないだろう。

動物園とは子供だけでなく大人にとっても十分に楽しめるところである。世界中から集められた珍しい動物や鳥類を、身の危険も感じずにいながらにして見ることができるのだから、半日くらい遊んでもまったく退屈しないし、その気になって動物の生態をじっくりと観察すれば、現代の人間社会が忘れてしまったことを思い出させてくれることすら珍しくない。

最近は子供向けの商品にさまざまの動物がキャラクターとして使われており、それらの動物は大変に可愛らしく描かれている。私の娘は三歳くらいの時、食事の時にクマさんの絵のついた茶碗を使っていた。だからクマという動物に対してかなり親近感をもっていたようだが、しかし初めて動物園で見たクマの実物は、真っ黒でけむくじゃらの、寝そべってばかりいる動物であって、茶碗に描かれたような愛くるしい生き物ではなかった。イメージと現実の落差があまりにも大きかったのだろうか、娘はクマ舎の前で大きな声で泣きだした。

そんな娘が文句なしに喜んだのは象だった。象はその大きさといい、長い鼻を振り回して餌を摂取する少しとぼけたしぐさといい、あらゆる点で人を引きつける動物である。先史時代に人類が暮らした洞窟内部の壁画にしばしばマンモスが描かれているように、太古の時代から、象はその存在自体が人間にとって魅力的であり、大きなインパクトを与える動物であった。

象にまつわる話は世界各地に存在する。古代ローマの時代にカルタゴの将軍ハンニバルが三十七頭の象と大軍団を引き連れて、スペインからフランス南部を通り、さらに雪のアルプスを越えてローマを攻めた話はよく知られているし、象と縁の深いインドで生まれた仏教では、摩耶《まや》夫人が白い象が胎内に入る夢を見て懐妊し、やがて生まれたのが釈迦であるとされる。また「釈迦三尊像」では獅子に乗った文殊菩薩《もんじゅぼさつ》とともに釈迦をはさんで右側に位置する普賢菩薩《ふげんぼさつ》は、白い象に乗っている。白象は東南アジアの仏教国家では仏の化身として特に神聖視された。タイの国旗は二十世紀初頭までは中央に白象を染めた図案であったし、この地域では森の中で発見された白象は礼をつくした方法で捕獲され、宮中で金銀で飾られ、多くの下僕にかしづかれて暮らしたという。

人間にとって象が魅力的であったのは、しかし単にその大きさに由来する神秘的なイメージだけではなく、象が「象牙」という、宝石にも匹敵する貴重な物質を産するからでもあった。象牙は彫刻作品や印鑑を作るための素材として珍重され、高値で取引されたから、象牙を取る目的で膨大な数に及ぶ象が殺戮された。そしてこのために、アフリカ象が絶滅の危機に瀕する動物として、一九七六年にワシントン条約によって保護の対象に指定されたことはよく知られている事実である。

象牙を加工した工芸品は、非常に早い時代から世界各地の権力者や富裕な者たちを魅了してきた。それは東アジアでもっとも早く文明が開けた中国でも例外ではなかった。

現在の段階で確かに存在したことがわかっている中国最古の王朝は殷であるが、伝説によれば、その殷の最後の王となった紂《ちゅう》は、中国史上でもまれな暴君であったという。紂は酒と淫らな楽しみを好み、妲己《だっき》という女性を寵愛して、彼女の機嫌をとるために贅沢な宮殿を建て、また珍しい動植物をその宮殿に集めた。さらに人民には塗炭の苦しみをなめさせておきながら、みずからは贅沢な宴会を頻繁におこない、「酒を以て池と為し、肉を懸けて林と為し、男女の裸をしてその間に相い追わしめて、長夜の飲を為し」(『史記』殷本紀)たという。これが世にいう「酒池肉林」の宴である。

この紂がある時、象牙で箸を作らせたという話がある。紂の一族の一人に箕子《きし》という人物がいた。箕子は賢者としてのほまれが高く、紂のあまりの無軌道ぶりをなんども諫めたのだがまったく聞き入れられなかった。それどころか逆に生命の危険すら感じたので、ついには狂人のふりをして世間から姿を隠さざるを得なかったのだが、紂が象牙の箸を作らせたのを見た時、箕子は心からふるえあがった。象牙の箸で食事をするようになれば、それまでの粗末な土器の茶碗ではもの足りなくなり、きっと玉で杯を作らせることだろう。そして象牙の箸と玉の杯を使っての食事なら、食器の中にいれる食品もマメのスープなどの質素なものではなくて、贅沢で珍奇な食品になるだろうし、そうなれば今度はそれを食べる時の服装にもきっと凝りだすことだろう。また食事をする場所もワラブキの家ではなくて豪華な宮殿で、ということにもなるだろう。箕子はそう考えて、象牙の箸は単に立派な食事用具というだけにとどまるものではなく、最終的には莫大な浪費と国家の破滅につながる、諸悪の根源であると考えたのである。

図８　殷墟から出土した象牙の杯（文物出版社提供）

上は有名な「象箸玉杯」の故事で、一見したところではちょっとした贅沢としか思えないものが、最終的には実はとんでもない浪費につながることをいましめる話である。

ところでこの話は戦国時代の思想家集団の著述、いわゆる「諸子百家」のひとつである『韓非子《かんぴし》』に見えるのが最初である。『韓非子』の著者である韓非は戦国時代の晩期、具体的には前二九五年から前二三三年にかけて生きた人物で、彼が象牙を知っていたことはまちがいないが、しかし物語の主人公である紂がはたして本当に象牙の工芸品を使っていたかどうかは、この話からはもちろん断定できない。それに現在では紂自体が伝説上の人物であることが明らかになっている。

しかしそれにもかかわらず、現在では考古学の成果によって、実際に殷を統治した王族が象牙を加工した見事な工芸品を所有していたことが明らかになっている。一九七六年に、殷代後期の都跡である「殷墟《いんきょ》」（河南省安陽市郊外）で婦好《ふこう》という名の女性の墓が発掘された。婦好は武丁《ぶてい》という王様の妃だったが、彼女の墓はまったく盗掘されていない完全な形で出現し、そこから青銅器をはじめとする大量の副葬品が発見された。そしてその中に動物の骨や玉を加工した道具などにまじって、象牙を加工して作った大きくて見事な杯が三点含まれていたのである。

こうして殷の時代にもすでに象牙による工芸品が愛好されていたことがわかるのだが、それではこの象牙はいったいどこから入手されたものなのだろうか。

答えは非常に簡単であって、当時の中国には象が野生動物として存在していたのである。歴史家や自然科学者の研究によれば、殷代の黄河中流域は現在よりもはるかに温暖で湿潤な地域だったらしく、その地域には象が野生動物として生息していたと考えられる。

そのことを示す証拠はいろいろあり、まずその一は、「象」という漢字が当時使われていた「甲骨文字」の中にすでに存在することである。

殷では国家と王に関するすべての事柄に関してまず卜い《うらな》が行なわれた。この時代の卜いとは亀の甲羅か牛の骨を加熱し、表面に走ったヒビの形から神の託宣を読み取るものであり、卜いが済んでから、その時に卜った内容や託宣、あるいは後日に起こった事件などを文字で刻みつけた。これが「甲骨文字」で、この文字が使われていたのはだいたい紀元前一三〇〇年前後から紀元前一〇〇〇年前後の約三〇〇年間である。

このような卜いの内容を記した資料は現在までにすでに大小とりまぜ二十万片以上発見されているのだが、うちの一枚に、王が狩猟に出かけて象を捕獲できるか、という卜いを記したものがある。ここに使われている「象」という漢字は、長い鼻と先が分かれた尻尾をもっていて、象の特徴をよくつかんで描かれている。

権力を掌握した人間にとっての娯楽のひとつはハンティングであり、その醍醐味は通常ではなかなか捕らえることができない動物を狙うことにある。このような狩猟では、象は恰好の獲物であった。殷の王はおそらく大勢の人間と大がかりな仕掛けを用意して、象狩りに出かけたのだろう。

また象は殷から次の周にかけて盛んに作られた青銅器の表面を飾る紋様としてもしばしば

使われており、さらには象の形をきわめてリアルに模した酒壺なども発見されている。それは長い鼻を上に巻き上げた象の姿を非常に写実的に作ったもので、このような容器を作るのは、実際の象の姿を知っていないととうてい不可能である。

この他にも象と人間（おそらく象使いだろう）が合葬された墓なども殷代の遺跡から発見されているのだが、このような古代中国での象に関する事柄のなかで、われわれにとってもっとも興味深く感じられるのは、「為」という漢字の成り立ちだろう。

「為」は象の鼻を手でつかんでいる形を示すもので、本来は象を使役することを意味する文字だった。狩猟によって捕獲された象は、重要な家畜として飼育された。象牙を切り取るのはその象が死んでからでいいわけだから、象の捕獲の目的は象牙の取得よりもむしろ労働力の確保にあっただろう。象は従順な動物だから簡単に馴らすことができ、そして数百キロにも達する重い資材を楽々と運搬できるその力は、古代においてはなにものにもかえがたいものだった。起重機が発明される前に、重いものを空中に持ち上げるためには、長い鼻をもつ象が最高の「道具」であった。おそらく宮殿の

図9　甲骨文字「爲」

建築などのために大量の材木を運搬する時などには象が使われたことだろう。そしてこうして象を使役することから、ひいて「仕事をする」という意味をこの「為」という字で表現するようになった。

「為」の本来の字形は「爲」で、この字の上部にある《爪》はのちにツメの意味で使われるようになったが、もともとは手を上からかざした形を示していた。ちなみにこのように《爪》を要素として持つ文字には他に「孚《ふ》」がある。これは《爪》と《子》とからなる文字で、人を上から捕らえることを示すものであった。これがやがて「孵化」という意味に使われるようになったので、さらに「人」を加えて「俘」という字が作られた。戦争で生け捕りにされた人間を「俘囚《ふしゅう》」というのがその代表的な用例で、「囚」もいうまでもなく檻の中に人間を閉じこめた字形である。

黄河流域から象が姿を消したのは、その地域の気候がしだいに寒冷化したからにほかならない。もともと熱帯性の動物である象は、気候の寒冷化とともに南に移動したのであろう。ある研究者によれば、黄河流域の寒冷化が進行した時期は西周中期以降、西暦ではだいたい紀元前九〇〇年から七〇〇年くらいのことといい、その推測を裏づけるように、西周の中期以降には象を装飾紋様としてあしらった青銅器がほとんど作られていない。しかしそれでも中国から象がまったくいなくなったわけではなく、南方の国ではまだ象を飼育していたらしい。春秋時代の各国のエピソードを記した『春秋左氏伝《しゅんじゅうさしでん》』の定公四（前五〇六）年に記される楚《そ》と呉《ご》の戦いでは、楚が尻尾に火をつけた象の群れを呉の陣中に放つという奇策をとっている。長江の南側に位置した国々ではまだ象が身近にいて、家畜として使役されていたのだろう。

古代中国の文化を考える時、そこに象が登場するのはいささか奇異の念をもつ方も多いだろう。この意外さは古代の文化を現在の情況から認識しようとすることに起因するものであり、この場合では気候の変化をまったく視野に入れていないからである。また中国と日本とは「一衣帯水」といわれるほどに距離が近接しており、二国に存在する動植物をともすれば同じように考えてしまうからでもあろう。しかし中国は大陸に広大な面積を占める国であって、パンダのような珍獣まで野生で生息している国なのである。ましてや現代とは気候的条件が異なる古代では、現代人の想像を絶するようなこともよくあって、動物についていえば、象だけでなく周の時代には黄河流域にペリカンもいたようだ。

中国最古の詩集である『詩経《しきょう》』の「国風」は各国ごとの民謡を記したものと定義されているが、その曹《そう》風の「候人《こうじん》」という詩に、「維れ鵜《こ》は梁《やな》に在るに、其の翼を濡らさず」という句がある。伝統的な儒学によれば、『詩経』に収められる詩にはそれぞれなんらかの寓意が宿されているとされ、この詩は、魚を捕るために石で川をせき止めた「梁」に「鵜」という水鳥がいながら、翼が濡れていないという異常事態によって、当を得ていない人材登用の結果、人徳のない「小人」が朝廷を牛耳ることとなった社会を批判したものとされている。

この解釈が正しいかどうかはさておき、ここに「鵜」という鳥が登場する。この字は日本では「ウ」と訓じられるが、しかし『詩経』に登場する「鵜」は、どうやら岐阜の長良川をはじめ全国各地で行なわれている「鵜飼い」で活躍している、あのおなじみのウではない。この鵜という漢字を「ウ」という鳥にあてて使うのは、実は日本独自の用法なのである。

『詩経』には実にさまざまな動植物が登場する。この多様な動植物の名前を覚えることができることは、『論語』の中で孔子が『詩経』を学習することの利点のひとつとして数えているほどなのである。しかし詩句には単に動植物の名前だけが使われているだけだから、その実態はそれだけではよくわからない。それで『詩経』に見える動物や植物については、早い時代からそれ専門の解説書が作られていた。そのもっとも古いものは、三国時代の呉の人であった陸璣《りくき》の『毛詩草木鳥獣虫魚疏』というものである。

この書物は全体としてはすでに散逸しているが、早い時代に作られた『詩経』の注釈にはところどころが引用されて残っていて、先に掲げた詩に見える「鵜」については、曹風の注釈に引用されて残っている。それによれば、「鵜」とは、

鵜は水鳥なり。形は鶚《がく》の如くして極めて大きく、喙《くちばし》の長さは尺余、直くして広し。口中は正赤なり。頷《あご》の下の胡は大なること数升の嚢《ふくろ》の如し、若《も》し小沢の中に魚有れば、便《すなわ》ち群は共に水を抒《く》み、其の胡を満たして之を棄て、水をして竭尽《つく》さしむ。魚の陸地に在りて、乃《すなわ》ち共にこれを食らう。

という鳥であった。

「鵜」はミサゴのように大きな水鳥で、一尺（約二十五センチ）のまっすぐなクチバシをも

ち、その下には「胡」(あごひげ)があって、それは数升もの量の水が入る大きな袋の形をしている。そして沼地に魚がいる時には、何羽かが群れになって水をかきだし、水がなくなってから中の魚を捕食する鳥だというのである。

長いクチバシの下に大きな袋があるという形から見れば、それはどうやらペリカンのようである。もちろんペリカンが沼の水をかいだして魚を食べるという話は聞いたことがなく、口の下の大きな袋は水の中から魚をすくうために使われるものである。しかし「大きな袋がある」という記述だけによっても、それがすくい捕らえた魚を下くちばしにある大きな袋に貯えるペリカンであることは、ほとんどまちがいがない。

この歌が作られた曹は、現在の山東省の南西部で河南省と接するあたりの黄河流域にあった小国である。ペリカンは渡り鳥で、ヨーロッパ南東部からモンゴル、中国北部で繁殖し、エジプトやインド、それに中国南部で越冬するから、もともと黄河流域にペリカンが野生でいても決して不思議ではないのである。さらにペリカンはその後、前漢の宮中にあった動物園でも飼われていたようである。前漢には皇帝と王族専用の動物園があって、そこには各地から集められた珍奇な鳥獣がたくさん飼われ、権力者の目を楽しませていたのである。

ところがやがて時代が進むと、古代人にとっては常識であったことが必ずしも常識ではなくなることが珍しくない。古代の文献に登場する物について考証し、それがどのようなものであるのかを研究する分野を中国では「名物の学」というが、この集大成は明の王圻《おうき》という人が作った『三才図会《さんさいずえ》』という絵入りの事典である。「三才」とは天・地・人を網羅した概念で、ありとあらゆる事柄について絵を付して考証した百科事典である。

そしてこの日本版として作られたのが『和漢三才図会』である。これは江戸時代の儒学者寺島良安《てらしまりょうあん》が日本と中国の文献に登場するものについて考証した絵入りの百科事典で、全百五巻からなり、和漢の古今にわたる種々の事物を天文・地理・動植物・器具などに部分けして、図を挙げて漢文で解説した書物である。

図10 『三才図会』にのる「鵜」

『詩経』は儒学での重要な経書だから、そこに登場する「鵜」はもちろんこの二つの書物にも採り上げられているが、しかしそこに描かれている鳥は、まるでアヒルのような鳥であって、決してペリカンではない。明の学者もそして江戸時代の儒学者も、ペリカンという珍奇な鳥についてはまったく知識がなかったようだ。

遺跡と文物

――漢字の背景

悲しい石碑の物語

昨年（一九九九年）は「甲骨文字」が発見されてちょうど百年目だった。甲骨文字とは、中国の殷代、紀元前一三〇〇年前後から三〇〇年間ほど使われた漢字で、一八九九年に河南省安陽市にある小屯《しょうとん》というところで初めて発見された。昨年はそれからちょうど百年目にあたったわけだ。

甲骨文字はいま見うる最古の漢字だが、読むためにはかなり専門的な知識が必要だし、また字形も楷書とは大きくかけ離れているから、いかに「漢字ブーム」とはいえ、一般にはあまり知られていない。だから「甲骨発見百周年」という地味なニュースが、日本の新聞やテレビにとりあげられることはほとんどなかった。しかしそれでも、書道関係や中国の古代文化を扱ういくつかの雑誌が特集を組んだ。

漢字の本家である中国では、もちろん甲骨文字発見百周年をめぐってさまざまな活動がおこなわれた。中でももっとも重要なのは、甲骨文字が発見される遺跡で世界各地から研究者が参加して、国際シンポジウムが開催されたことである。

私もこの学会から参加要請を受けていた。しかし運の悪いことに、学会が開催される八月半ばにどうしても日本を離れられない事情ができてしまい、結局参加を辞退せざるを得なかった。その代わりというわけでもないのだが、学会が終わってからの九月はじめに、久しぶりに安陽を訪れる機会があった。

安陽には北京からまっすぐに鉄道が通っていて、足の便は決して悪くない。私は鉄道でなく、河南省の省都である鄭州《ていしゅう》から車で行ったのだが、途中に黄河を越えて約三時間ほどの、快適なドライブだった。安陽にはこれという大きな産業がないし、観光面でも、外国人をひきつける魅力的な資源がほとんどない。もちろん有名な殷墟の遺跡があるが、しかしそこを訪れるのは歴史研究者か熱心な書道愛好家くらいで、一般観光客とはほとんど無縁である。そんな街だから、安陽は外国人の旅行に適していない。

それでも驚異的な速度で豊かになりつつある今の中国で、安陽がいつまでも遅れた地方都市でいるはずがなかった。経済発展の波は着実に安陽に押し寄せていた。数年前に比較すれば街並みがぐっと整備され、瀟洒なレストランや商店がいたるところに目につくようになった。

安陽郊外にある甲骨出土地には、中国きっての考古学スタッフを擁する中国社会科学院考古研究所の発掘センターがある。ここは一九三〇年代以来一貫して発掘に従事している組織で、これまでに数多くの重要な業績をあげてきた、考古学のメッカである。

この研究所を訪問してから、私はそのすぐ近くにある「甲骨出土碑」を見に行った。一九七〇年代半ばに大量の甲骨が発見されたところに、一・五メートル×二メートルくらいの記念碑が建てられている。以前に安陽を訪れた時、私はそれを背景にして写真を撮ってもらい、それを『中国漢字紀行』（大修館書店）という小著に掲載した。その石碑を再び見に行ったのだが、しかしいくら探しても、その石碑が見あたらない。不思議に思って近くの雑貨店で聞いてみると、おばさんは、あぁその石碑なら

図11 「甲骨出土処」の碑の横に立つ著者（1989年撮影）

壊されたよ、その辺の溝に棄ててあるから探してごらんと、こともなげに答えた。

おばさんの言う通り、石碑は大きく二つに割られ、溝に投げこまれていた。あまりのひどさに胸をいためながら、元通り組み直したが、ふと気づけば、かつては石碑の他には何もなかった原っぱに、いつの間にかきれいな農民の家がいっぱい建てられていた。

急速な経済発展を前にして、農民たちには「甲骨出土地」の石碑は単なる邪魔者としか思えなかったようだ。何が甲骨発見百周年だ、と無性に悲しくなる光景だった。

図 12　二つに割れた「甲骨出土処」の碑
（1999 年撮影）

馬王堆発掘のカラー写真

湖南省長沙《ちょうさ》市にある馬王堆《ばおうたい》には三つの墓があり、それぞれ発掘された順に一号墓・二号墓・三号墓と呼ばれている。

馬王堆一号墓が発掘されたのは一九七二年一月から五月にかけてのことで、その内部からは保存状態がきわめてよい女性の遺体（皮膚にはまだ弾力があり、なんと解剖が可能であった）と大量の豪華な副葬品、それにこれまでに発見例がなかった「帛画《はくが》」（絹地に描かれた絵で、被葬者が仙界に昇天するさまを描き出している）などが出土した。

その後さらに一九七三年二月から翌年二月にかけて、一号墓と重なり合う二号墓、それに少し離れた三号墓の発掘がおこなわれ、そこからも未知の文献がいくつか発見されるなど、中国での奇跡的な発見として世界中の大きな話題となった。

ここは私にとっても思い出深い場所である。私がはじめて中国を訪れたのは一九七七年、すなわち文革が終わって一年ほどの頃だった。その当時の中国旅行は団体旅行しか許されず、コースの決定は完全に中国側にゆだねられたから、どこかの革命聖地が見学コースにかならず組みこまれていた。

私たちのツアーは長沙市郊外にある毛沢東の生家を見学することになっていて、そのために長沙に行った。しかし長沙までやって来て、馬王堆を見学しない手はない。馬王堆は中国側にとっても自慢の遺跡である。それで我々の依頼にこたえて、中国の旅行社も喜んで馬王堆も見学させてくれた、という経緯であった。

馬王堆の被葬者は、前漢にこの土地を治めていた王に仕えた人物とその妻子と推定された。一号墓の被葬者が五十歳前後の女性であり、三号墓の被葬者が三十歳前後の男性であることから、三号墓の人物は夫婦の子供だろうと推定される。

私たちが見学した時、一号墓と二号墓は発掘がすでに終了していたが、一号墓から少し離れたところにある三号墓はちょうど発掘の最中だった。中国だけに限らず、どこの国でもよほどのことがない限り、部外者は発掘中の現場を見せてもらえない。しかしまだ外国人旅行者がそれほど多くない頃だったからだろうか、私たちは発掘現場を覆っている小屋のすぐ横まで近づき、上の隙間からカメラを差し入れて撮影することを許された。

図 13　馬王堆三号墓の発掘光景

隙間は高いところにあるので、カメラを入れるためにはかなり背伸びしなければならない。そんな形での撮影だから、ファインダーを覗いてシャッターチャンスを待つことなどもちろんできない。私はまったくのあてずっぽうで、被写体までの距離を五メートルに設定して、隙間からつきだしたカメラのシャッターを押した。ストロボが連動して発光したが、暗い墓の中でいったいどんな作業がおこなわれているのかもわからないのだから、フィルムの無駄遣いというような感じだった。

ところが帰国してから写真を焼いてみると、なんと発掘の光景が見事に撮れていたのである。人が大きな柱を上にあげようとしている。この人が立っている場所には何枚もの板が渡されていて、その下はどうやら空洞になっている。空洞の下にはおそらく棺とその外側の覆い（木槨）があるはずだ。

この写真を、それから数年後に刊行した書物に掲載したところ、歴史研究者から写真の入手先を尋ねられた。

一九七七年当時の中国では、カラーフィルムがまだ非常に高価だったから、どこの発掘現場でもカラーで撮影されることなどめったになかった。しかし私が日本から携行したカメラにはもちろんカラーフィルムが装塡されていた。

結果的に私が撮影したのは、世にも珍しい馬王堆発掘のカラー写真となった。だめでもともと思って撮ったのが、大変に貴重な写真となったというわけだ。これを「怪我の功名」といわずしてなんとしようか。

石刻の発生

西安碑林や曲阜の孔子廟などにあるおびただしい量の石碑からも分かるように、石に文字や文章を刻むことは中国では普遍的に行われたのだが、それが盛んに行われたのは後漢以後のことであり、甲骨文字や金文によって文字の使用情況がわかる殷周時代、あるいは先秦時代の石刻はほとんど知られていない。

人類が文字の記録を始めたころ、文字を書きつける材料としてもっとも目につきやすかったものはおそらく石であったろう。地上には植物が繁茂しないところはあっても、石が存在しないところはほとんどない。石は身の回りのどこにでもあるし、字を書くための材料として特別に加工する必要もない。さらに字を刻みつけたあとはかなり長期にわたって保存することもできる。石こそはもっとも入手に簡便でかつ耐久性に優れた書写材料であった。実際エジプトやメソポタミアのような古い文明では、パピルスや粘土板などといった材料が使われたこともももちろんあるが、石も同様に普遍的に使われたものであった。

比較文明史的に考えて、中国では石に文字を刻むという方法の普及は意外なほどに遅い。刻石が出現するよりも前に中国で文字を書く材料としてより普遍的に使われていたのは動物の骨や亀の甲羅、あるいは青銅器などであり、いずれも文字の記録には石よりもはるかに不便と思われる特殊な物体ばかりである。これはいったいいかなることなのであろうか。

石刻に関してもっとも詳しくかつ総合的な研究書として知られる清の葉昌熾《しょうしょうし》『語石《ごせき》』は、刻石の歴史を述べる第一巻の冒頭に、「三代の鼎彝《ていい》（青銅器）は名山大川に往々にしてまま出づるも、刻石の文は世に伝わることけだし尠《すくな》く、世上に太古の時代の刻石と伝えられているものは後世の偽造に過ぎないと論じて、「惟《た》だ陳倉《ちんそう》の十碣《じっけつ》は、…李斯《りし》以下の能《よ》く作る所に非ず、自から是れ成周《せいしゅう》の古刻なり。海内《かいだい》の石刻はまさに此を奉じて鼻祖《びそ》と為す」と言う。「碣」とは文字を刻んだ丸い石碑のこと。陳倉とは今の陝西省にあった地名で、唐代にこの地から計十個の太鼓形の丸い石が出土し、その表面には詩と思われる文章が刻まれていた。それが石鼓《せっこ》であり、『語石』では石刻の最古のものは石鼓であるとされている。

石鼓は古くは周の宣王の時代（前八二七〜前七八二年）に作られたものと考えられていたが、最近の研究では戦国時代の秦のものと考えてほぼまちがいない（ただし実際の推定年代は学者によってことなる)。また石鼓に続く第二番目の刻石は、秦の始皇帝が全国を統一したのち自己の功績を天下に知らしめるために泰山《たいざん》などに建てた刻石である。こちらは『史記』「始皇帝本紀」によれば、前二二一年の製作とされている。

従来はこの二点が最古の石刻と考えられていたが、ところが最近これらよりもはるかに古い時代に石に刻まれた文字が発見された。それは殷墟の婦好墓から発見された「磬《けい》」という打楽器の側面に刻まれた文字である。

甲骨文字の故郷として知られる河南省安陽で一九七六年に発掘された殷墟五号墓と呼ばれる墓は、そこから計二百点余りの青銅器が出土し、うちの百九点に「婦好」という銘が記されていたことから、墓の被葬者は甲骨文字にも名前が見える婦好という女性と断定された。婦好は殷王武丁の妃と考えられ、甲骨文字の中では彼女の名は百八十条ほど見えるという。

墓の規模はそれほど大きなものではないが、墓室はまったく盗掘を受けていない完全な形で発見され、そこからは二千点近くの副葬品が発見された。副葬品には青銅器の外に玉器や石器、それに骨や象牙の製品も多数含まれているが、それらはいずれも高度な技術を駆使して製作された、第一級の芸術性を備えたものであった。

図 14　婦好墓の石磬（文物出版社提供）

婦好墓から「磬」と呼ばれる石製の打楽器が五点発見された。磬は壁などに掛けて使用した楽器で、うちの一つ（標本番号三一六）には側面に「妊冉入石（妊冉《じんせん》入るの石）」という文字が刻まれていた。

いわゆる「石刻」というものを、石の表面に文字を刻んだものと定義するならば、これはうたがいなく中国最古のもので、殷代にも石刻があったことを示す貴重な例となり、石刻の起源は大きく引きあげられることになる。

しかし婦好墓の磬と、石鼓や始皇帝の刻石はその性質がややちがうと私には思われる。石磬の文字にある「妊冉」とは当時の部族名または人名と推測され、その文は副葬品として墓内に置く磬を作るための石の納入者を記したものと考えてよい。石の納入者の名をわざわざ記すことは、甲骨文字の中に卜いに使用した亀や骨を貢納した人物の名前を記した、いわゆる「記事刻辞」が存在することから類推すれば、さほど不思議なことではない。まして婦好は王妃であり、その墓の副葬品に使ったものであるから、それは神聖な石であって、だからこそ納入者の名が記されたのであろう。とすれば、その文字が語りかける相手は、埋葬される婦好、あるいは彼女の夫であった王であったろう。

いっぽう石鼓は計十個からなる石におそらく詩と思われるものを記録している。詩の内容は石鼓そのものが発見された時にすでに欠けていたから完全には理解できないが、通説によれば王の狩猟の光景を詠んだものとされている。ところでそれは何のために石に刻まれたのだろうか。考えられることは、臣下に対して王の狩猟の盛大さを誇示し、その盛業を後世に伝えんがためであったということである。始皇帝の刻石の場合は石碑建立の目的がさらに明確で、それはまさに自己の功業を天下に知らしめるためであったことは、『史記』に書かれている通りである。そこに刻まれた文章は、その石を仰ぎ見る者によって読まれることが期待されており、そのために刻石が作成されたのだ。

つまり文字によって表される事柄を伝えたい相手、あえて「読み手」という語を使えば、前者の読み手は王または埋葬される妃であり、後者の読み手は王者の下に統制される臣下であった。その違いには、古代中国において文字が果たした役割の相異が反映されているのではないだろうか。

漢字の祖先と確実に認定できる最古のものは、現在の段階では、殷代の甲骨文字であろう。甲骨文字が殷代におこなわれたトいの内容を記したものであったことはよく知られているが、トい自体は一過性のもので、その内容を記して後世に伝えることは本来は不要のはずである。それが記録されて、保存されていたのは、神の託宣をうけて地上を統治した王が、みずからの権威を明らかにし、王の神聖なる地位を護持するためであった。つまり、文字は人と神の橋渡しをする、神聖なものであったのである。また殷周時代に盛んに製作された青銅器は、もともと王室の祖先をまつる宗廟に備えて祖先の霊を慰め、子孫への加護を願うものであった。おどろおどろしい神秘的な装飾を加えられた青銅器に鋳こまれた文字も、やはり神や祖先神の霊魂と人間社会をつなぐ神聖なもので、文字が語りかける相手は人間であったとしても、それはいったん神というフィルターを通してのことであった。

古代中国で文字が書かれる材料としてかなり特殊なものが使われたのは、文字が最初は神聖なものであり、今日的な言語の記録のための符号という役割とはことなる次元のもとで書かれたためだったのではないか。やがて時代とともに宗教性は希薄になり、人間と文字との関係も変わってきて、文字は単に言語を記録する符号となり、文字を書きつける材料も特殊なものに限定される必要がなくなり、ありふれたものになってきた。その時、文字の記録者の目に映じたのが、入手も作業も簡単な石の存在であった。

中国の石刻は、とび抜けて古いものとして婦好墓の磬があり、かなりの時代がたってから石鼓と始皇帝の刻石が出てくる。その時代的隔たりの間に実は文字の役割が大きく変化し、文字が語りかける相手は神から人間に変わった。そうして文字が神の世界のものから人間のものとなったとき、文字を書く材料としてより日常的な石が選ばれた。

秦の刻石と石鼓は、人間が文字を自分のものとした文字通りの記念碑なのだ。

筆記道具と書体の関係

最近の文房具店はずいぶんと華やかで、いろんな商品が並ぶようになった。昔ながらのノートや鉛筆などは当然のこととして、それ以外の筆記用具も実にカラフルで多様をきわめている。別段なにかを購入するという目的をもたなくても、ユニークな文房具を漫然と眺めているだけで、けっこう楽しい時間を過ごすことができる。文字を書く機会が多い人間にとって、文房具店とは最良のウインドー・ショッピング・スポットである。

こうして文房具を眺めていると、文字を書く道具と素材には実にさまざまなものがあることが如実に実感される。だがそれは、別に最近になってから発生した現象ではない。人類の文化の歴史は、ある意味では筆記用具の開発、すなわち文字記録環境の発展の歩みであったといっても過言ではないだろう。

世界中の古代文明は、ほとんどの場合、文字を記録することから始まった。そこでは文字を書きつける素材として、身の回りのどこにでもあり、入手の容易な石や樹木、植物の葉などが使われ、その他にも動物の骨や皮、粘土板、蠟板《ろうばん》、それに布などが使われた。また文字を書くための道具としても、それぞれの素材が持つ硬度や大きさなどの条件によって、鉄筆やナイフ、金属の鑿《のみ》、あるいは筆やペンなどの筆記用具が開発され、使用されてきた。

このような文字記録環境を大別すれば、素材の表面を削って文字を書く、すなわち文字を「刻む」ものと、素材の表面に煤《すす》や樹脂やゴム・墨など有色の液体（インク）を「塗る」ことで文字を書くもの、の二種類に分類できる。前者の方法で書かれた文字には、古代メソポタミアの楔形《くさびがた》文字や中国の甲骨文字があり、後者はもちろんペンとインク、筆と墨などによる書写方法がその代表である。

中国は文字を書く方法として、最初からその二方法を併用していた。筆は中国では新石器時代から使われていたことが明白である。スウェーデンのアンダーソンが河南省仰韶《ヤンシャオ》村ではじめて発見した新石器時代の土器「彩陶《さいとう》」（暗褐色をした厚手の土器で、周囲に画像や模様などが装飾されている）の表面には、神話を図案化した人面や魚紋、あるいは装飾として加えられた幾何学模様が描かれているが、その模様を構成する線には、太いものから細いものまでさまざまな線が使われている。そんな線を土器の表面に描くには、筆がなければ不可能だったにちがいない。

いっぽう西安の半坡《はんぱ》遺跡などから発見される「彩陶」の表面には、所有者を示す紋章かと思われる符号が刻まれている。それらの中には深さが五ミリ以上もある符号もあって、土器の硬い表面にこのような符号を刻みつけるのには、ナイフか鑿のような鋭い刃物が使われたことと推測される。

上に述べたのは厳密な意味での文字表記ではないが、現存する中国最古の文字資料である殷の甲骨文字でも、上の二タイプの道具が使われていたらしい。

殷は「神聖政治」の時代であり、王は戦争や祭祀などの重大事をおこなう時に、事前にまずその可否を神に問うためにトいをおこなった。そのトいの内容と結果を、トいに使った亀の甲羅や、牛などの動物の骨に刻んだ。その文章に使われた文字を、素材の名前から命名して「甲骨文字」という。

亀の甲羅と動物の骨は、どちらも非常に硬い素材である。だからそれに文字を刻むには、彫刻刀のように刃先の鋭利なナイフが必要だった。かつて古代の金属加工の高水準がまだ理解されていなかった頃には、ネズミなど齧歯《げっし》類の動物の鋭い歯を加工して作った道具で文字を刻んだのではないかと推測されたこともあった。しかし甲骨文字の出土地である「殷墟」（河南省安陽市）の発掘で、精巧な細工を施した玉や銅で作られた彫刻刀が何本か発見された。亀の甲羅や動物の骨に文字を刻んだのは、おそらくこのような刀であっただろうと今では推測されている。

ただ実際に亀の甲羅や牛の骨に文字を刻む模擬実験をおこなった中国人考古学者の経験を伺ったところでは、甲羅や骨に直接文字を刻むのではやはり堅すぎて微細な線は刻めないとのことで、最初に甲羅や骨を煮沸するなどの加工を施して、素材を軟化させてから文字を刻みつけたのではないかという。模擬実験で、亀の甲羅を熱湯の中で数時間煮沸すると、かなり柔らかくなったとの由である。

ところでいっぽう、甲骨文字の中には「筆」の最初の字形である「聿」という字があって、それは墨液を含ませたか、あるいは乾いて毛先が広がった筆を手に持って、まさに文字を書こうとしているさまをかたどった象形文字である。甲骨文字の中にこのような字形の文字があるということは、とりもなおさずその時代にすでに現在のような筆があって、文字を表記するために使われていたことをものがたる。そして現実に、甲骨文字の中には、骨や甲羅などの表面に墨や朱で書かれたものも発見されている。つまり甲骨文字にはナイフで刻んだものと、墨や朱で直接書かれたものの二種類があるわけだ。

さて「甲骨文字」の他にもう一つ、中国最古の文字資料といえるものがある。それは「金文」、すなわち殷の時代から作られはじめた青銅器の内側などに、その製作の由来などを記した銘文である。

青銅器は殷に続く周の時代に最盛期を迎えた。殷代ではたかだか数文字であった銘文も、周になるとしだいに長いものが書かれるようになり、今は台湾・故宮博物院に所蔵される「毛公鼎《もうこうてい》」には実に五百字近い銘文がある（これが現存最長の金文である）。

この金文は、伝統的な文字学の研究では、時に「銘刻」とも呼ばれることもあった。また多くの文字学書には、「某某の銘文が刻まれている」という表現も見える。しかしそれは完成した青銅器に文字を刻みつけたものではない。そもそも銅に文字を刻むためには銅よりも硬い金属、具体的には鉄が必要だが、殷周時代の中国にはまだ鉄がなかった。

この金文はきわめて特殊な方法で記録された。というのは、これは素材の表面を削り取ったものでも、表面に有色の液体を塗布したものでもなく、「鋳こむ」という方法で記録されたものだからである（ただし戦国時代のものになると、完成後に刻まれたものや象嵌《ぞうがん》の技術で記されたものが増えてくる。それはおそらく青銅よりも堅い鉄が普及し、鉄製の道具が使われるようになったことと関係があるのだろう）。

金文の記録方法は、青銅器の作り方と密接に関連している。青銅器とは要するに鋳物だから、まず精巧な模型を土器で作る。つぎに模型を外から粘土で覆い、乾いてからそれをはがして外型とする。それとは別に、模型を一回り小さく削りおとして、それを内型とする。こうして作った外型と内型を組みあわせ、すきまに溶けた銅と錫の合金を流しこみ、冷えてから型をはずせば青銅器のできあがりとなる。

口でいうのは簡単だが、上に述べただけでも実際には大変な作業である。ましてや道具などほとんどなかった古代での話である。そして青銅器に銘文を記録するには、さらに複雑な工程が必要であった。

今もし青銅器の鋳型に、直接文字を刻みつけたとしよう。すると鋳型の表面では文字が凹むから、その型で鋳こんだ青銅器では文字が凸型にとびだすことになる。しかし青銅器はできあがってからあと、随処に飛び出た突起を取るために必ず磨かなければならない。その研磨の時に、もし銘文が飛び出ていれば、せっかく鋳こんだ文字まで削られてしまう。だから青銅器では文字がかならず凹んでいる。つまり青銅器鋳造の段階では、文字は凸型になっているはずだ。

それでは鋳型で文字を凸型にとびださせるには、いったいどうしたらいいか。過去の研究者はこの問題を解くのに大いに悩むことになったが、古代人はこれに関して実に巧妙な方法を案出していた。それはまず銘文のために、あらかじめ専用の鋳型を作っておくという方法だった。

はじめに一枚の木板か、粘土板、あるいは最新の説得的な説では牛の皮を使ったというのだが——考古学者であり、古代文字学にも造詣の深い松丸道雄氏が実験をしておられる——、とにかく平面をもつ物に、通常の書式で文章を刻む。この時の文字は凹型のへこんだ陰文になるが、次にその上から粘土を薄くかぶせて型をとれば、型での文字は凸型にとびだした陽文で、しかも左右逆転した「鏡文字」になる。これを銘文用の型として、青銅器の鋳型にとりつけて鋳造すれば、できあがりの青銅器では文字は「凹」になるわけである。

要するに金文とは、青銅器を鋳こむ時に、青銅器そのものの鋳型に銘文用の鋳型を取りつけて、文章も器物といっしょに鋳造するという方法で記録されたものである。金文は世界的にも見ても類例がないほどに、手のこんだ複雑な方法で記録された文字であるが、だからこそ、容器の底とか把手の内側とか、外からはなかなか見えないところにも、文字を記録することができたのである。実際、博物館などで展示されている青銅器には、上や外側からのぞきこんでも中の文字が見えないことがしばしばある。容器の内側など外から見えにくいところにも文字を記録できたのは、鋳造という方法を使ったからこそ可能なのであった。

甲骨文字と金文は、ほとんど同じ時代に書かれた文字であるが、その文字の風格は実際の例を一見すれば明らかなように、まったく異なっている。しかしそれは二種類の異なった文字ではなく、同じ形の文字を、ナイフのように先が鋭く尖った道具で書けば甲骨文字のような直線的な文字になった。いっぽう金文の方は最初の段階では筆を使うことができた。それで曲線も自由に描け、線の厚みも自由に調節することができたのである。

現代の私たちでも、たとえば年賀状を書く時に、ボールペンを使って書いた文字と、毛筆で書いた文字の風格が同じでないのとまったく同じことだ。

書体とは、一人または特定の集団が制作し、それを普及させるという性格のものではなかった。書体を決定するのは、何を使って何に書くかという環境であり、それは後の隷書や行書・楷書についても指摘しうる事実なのである。

段玉裁の故郷をたずねて

去年（一九八七年）八月のある酷暑の日、南京西駅前の広場を朝八時に発車する金壇《きんだん》県行き直通バスに乗るために駅にかけつけた時は、すでに通勤の混雑はほぼ終わっており、朝のまだ寝ぼけた情景は街のどこにも見られなかった。中国の朝は日本よりも活動を開始する時間帯が確実に一時間以上は早い。

小さなバスは超満員であった。前もって切符を買ってあったから座席は確保されていたものの、買い出しのために泊まりがけで南京に来ていた近郊の農民が、村では買えない物をそれこそ山のように買い、帰ろうとして持てるだけの荷物を手に持ち、それでも持ち切れない荷物を車内に積みあげるものだから通路も荷物でふさがれ、文字通り立錐の余地もない。おまけにその荷物がお世辞にも清潔とはいえないので、発車前はあまり愉快ではなかった。

バスは南京の南東約七十五キロのところにある江蘇省金壇県を目指してノン・ストップで走る。南京の市街地をはずれるとすぐに農村の風景が車窓に展開した。中国でも有数の穀倉地帯で、あちらこちらに新築したばかりと思われる農民の家が見える。きっと「万元戸」だろうと、同行して下さった南京大学中文系の魯《ろ》国堯《こくぎょう》教授と話しあう。

江蘇省金壇県は、清朝考証学を代表する学者であり、漢字研究の最高峰と称えられる『説《せつ》文解《もんかい》字注《じちゅう》』、通称『段注』の著者として知られる段《だん》玉《ぎょく》裁《さい》の故郷である。

段玉裁、号は茂堂《もどう》、一七三五年にこの地で生まれ、私塾を経営していた父のもとで学問に励み、科挙の第一段階である挙人《きょじん》の資格を得たのち、故郷を離れて上京した。官界に入って四川などでいくつかの県知事を歴任したのち、段玉裁は四十六歳の時に故郷金壇に帰ってくる。帰郷の後は著述に専心して、畢生《ひっせい》の大著『段注』に取り組むが健康状態が悪化し、さらに面倒な訴訟事件に巻きこまれたために再び故郷を離れ、当時の中国で最高の文化水準にあった蘇州に移り住んだ。蘇州でようやく著述を完成させ、その刊行が済むのを見届けて蘇州に没した。亡きがらは故郷金壇に葬られたという。段氏八十一歳、一八一五年の秋であった。

南京を出て二時間余り、金壇県という文字が窓の外のあちこちに見え出した。青々とした水田に稲が豊かに実り、いくつもの小川が流れ、煉瓦作りの農家が点在する、典型的な江南の農村風景である。金壇県は六つの鎮からなり、人口は五十一万人、私が予想していたよりはるかに大きな農村であった。

金壇県人民政府の方々の出迎えをうけて、段玉裁記念館の見学に向かった。記念館は段氏生誕二百五十周年にあたる一九八五年の十月に開館し、その時にここで段氏を記念する研究会が中国訓詁学研究会の主催で開催された（研究会の模様については同研究会秘書局編『訓詁通訊』第八号に詳しい）。段氏の生家の位置は今ではもうわからなくなっているらしく、記念館は風景の美しい所を選んで建てられたとのことであった。市街地の南のはずれに位置するかなり広い池に面し、白壁に黒い瓦でふかれた屋根の記念館は落ち着いたたたずまいで、内部は四棟から構成される伝統的な中国庭園式の建築で、篤実な学者であった段氏の風格を偲ばせるに足る、好感のもてる建築であった。

記念館の中には数多くの段氏の著述を展示し、さらに段氏に関連する書物や論文、あるいは段氏を称える書画などもあわせて展示されている。開館してからまだ日が浅いために、たとえば『段注』の経韻楼《けいいんろう》原刊本がないなどと、コレクションにはまだ不備も目立つが、金壇県当局はやがてはここを段玉裁研究の一大センターにしたいとの希望で、関係部局に協力を求めているという。日本の関係者にもよろしくとのことであった。さらに、裏庭にあたるところに段氏の書斎「経韻楼」を復元して建てようという計画が進行中とのことで、具体的なプランは聞きえなかったが、金壇県の段氏顕彰にかける意気ごみはなかなかのものと感じられた。

特筆すべきは、段氏夫妻とその母の墓碑が発見され、元来の墓所と推定される所に復元されて祭られていることである。墓碑は一九五八年の「大躍進運動」の時に他の多くの墓碑とともに排水溝築造などに利用されていたが、一九八三年からの捜索の結果ダムの水路から奇跡的に発見され、土地の古老の記憶に基づいて元来の墓所に建てられたと説明をうけた。記念館からは車で四十分ほどの所で、一面の水田の中に段氏夫妻と母の墓はあった。墓碑の字は今でもはっきりと読みとれ、北京大学の周祖謨《しゅうそぼ》教授の鑑定では、母の碑文は段氏の親筆に間違いないとのことであった。

県当局から墓の管理を委託されている農家の人は、自分たちの故郷の生んだ碩学《せきがく》の墓に詣でるためにはるばるやってきた日本人を自慢気な笑顔で迎えてくれ、暑かろうから喉を湿らせろと、家の中に招じて白湯を飲ませて下さった。農村の暮らしはまだまだ質素だが、壁には大きな財神の絵がかけられ、金色に輝く大きな時計が家の中央に置かれていたのが妙に印象的であった。

文字の研究では、一人の学者の遺跡や墓を見たからといって特別に研究成果があがるものではない。だが、あそこに行けば段先生に会える、という気持ちで『段注』を読めば、古典の中に生き生きとした人物が浮かんできて、その真髄を一層深く理解できそうな気がするだけでも大きな収穫であったと思う。

書は、いつから書なのか

文字とは音声で話される言葉を、紙や木の板などの素材の上に記録として定着させるための符号であり、いわば道具である。その文字が、中国や日本では「書道」という芸術によって美的鑑賞の対象となる。

文字の美しさを鑑賞するという芸術的志向は、決して東洋だけのものではない。アルファベット（ラテン文字）で書かれたものでも、中世ヨーロッパでたくさん作られた写本では、タイトルや段落の最初などに華美といってもいいほどに凝った装飾を施した文字が使われており、それが美しい挿絵とあいまって、読者の美的感覚を強く刺激する。活字印刷が普及してからも、さらには現在のようにコンピュータを駆使した出版の時代になってもそれは同様で、より美しいラテン文字の書体を模索して、世界中のフォントデザイナーが創作活動に従事している。

しかし西洋でのそんな活動を、過去の伝統的東洋文化における文字の美的追求に比べるならば、蓄積と芸術的達成度の面では、大人と子供ほどの大きなちがいがあるといえよう。白い紙と黒い墨というモノトーンの世界で形作られる、他に類例を見ない奥の深い芸術を創造してきた過去の中国文化は、まさに「偉大」という言葉でしか形容できないだろう。

ところで、それでは中国で書道という芸術が萌芽したのは、いったいいつ頃だったのだろうか。

中国人が本格的に漢字を使うようになったのは、現存する資料から考えれば殷代以降のことである。殷代に使われた漢字として、「甲骨文字」と「金文」が残っている。しかしその二つは一般人が日常的に書いた文字ではなく、王のもとで卜《うらな》いや青銅器製作などに従事した人物の手になる文字であった。彼らが書いた文字にも、もちろん巧拙の差はあったことだろう。しかし彼らが書いた文字が一般人の目に触れる機会はまずなかった。だからそれは必然的に、審美的鑑賞の対象となる文字ではなかった。

文字の美しさを鑑賞するためには、文字を読み書きできる人が大量に存在することが前提条件となる。中国で漢字を読み書きする人間が増えだしたのは、大まかにいえば秦から漢にかけての頃である。群雄割拠の戦国時代を統一した始皇帝が作り上げた空前の大帝国は、中央の皇帝と各地に配置された役所とのネットワークで構成される官僚制国家だった。全国の役所には大量の文書を作成し、処理する官吏が配置された。つまり書記である。この書記をたえず補充していくために、民間で文字の読み書きのできる人間をたくさん養成しなければならなくなった。かくして作られたのが『倉頡篇《そうけつへん》』や『急就篇《きゅうしゅうへん》』などの識字教科書である。

このような教科書で漢字を習得し、国家試験によって書記となった者たちは、役所の現場で文書の作成にあけくれた。彼らが書いた文書の実物が、今では木簡や竹簡の形で大量に発見されているが、それを見る限りでは、書記たちは統一的な規格にはまった漢字を、折り目正しくかっちりと書いていたようだ。

この中に「習字簡」と呼ばれる一群の簡がある。これは書記たちが仕事の余暇などに漢字の練習をしたもので、同じ文字だけを何度も繰り返して書いたものや、ピンとひげを張ったような独特の払いだけを何度も練習したものがある。書記たちはこうして漢字をより美しく書こうと真摯に努力していたことが、この「習字簡」から見てとれる。

漢代の書記たちは、漢字をできるだけ美しく書こうと努力していたようだ。しかし彼らが書くものは皇帝から発布される詔勅の写しであったり、役所の備品台帳であったり、あるいは給料支給のための職員名簿であったり、いずれもきわめて実用的な目的をもった文書であって、決して文字それ自体を鑑賞させるために書かれたものではなかった。だから厳密な意味でいって、彼らは芸術としての書道に従事する者ではなかった。

この時代の書記たちが公文書に使った書体を「史書《ししょ》」という。この「史書」という呼称は、前漢の歴史を書いた『漢書』の中にしばしば出現する。たとえば王尊《おうそん》という人物は幼い時に両親を亡くし、叔父に引き取られて羊飼いの仕事をしていたが、沼地で羊の世話をしながら勉強にいそしみ、やがて「史書」が書けるようになったので、監獄の役人に採用された。

厳延年《げんえんねん》は前漢の代表的な「酷吏《こくり》」(法律を厳密に運用し、厳罰主義で政治をおこなった官吏)であった。彼は自分に忠誠を誓う部下の面倒を非常によく見てやったが、逆に憎んだ人物に対しては徹底的に攻撃を加えた。平素から「史書」に習熟していた厳延年は、その書体で弾劾のための書類を自由に作成し、裁判を利用して相手を簡単に誅殺したという。

また馮燎《ふうりょう》という女性も「史書」が堪能であった。彼女はちょうどそのころから往来がさかんになった西域地方との外交に尽力した人物で、ある公主（皇帝の娘）の代理として烏孫《うそん》（現在の新疆ウイグル自治区の北西部にあった国）に使者としておもむき、そこで篤い信頼を得た。やがて彼女はその地の高官の妻となるのだが、彼女がこうして外交の手腕を発揮できたことの背景には、外交文書に使われる「史書」をよくしたことが大きく作用したと思われる。

この三人が特技とした「史書」は、司法・裁判文書や外交文書に使われる、実用性が非常に高い書体であった。そしてそれはほかでもなくさまざまな役所に勤務する書記たちが、日常的な書類を記録するのに使っていた書体であった。ところが『漢書』では、王尊などの官吏のほかにもう二人、「史書を善くした」意外な人物の名前が挙げられている。それは前漢末期の皇帝である元帝（前四九年〜前三三年）と、その後をうけた成帝（前三三〜前七年）の皇后であった許皇后である。

元帝は多芸多才な人物だったようで、伝記の末尾に「元帝は材芸多く、史書を善くし、琴《きん》瑟《しっ》を鼓《こ》し、洞簫《どうしょう》を吹き、自ら曲を度《つく》り、歌声に被《あわ》す」とある。また許皇后についても、伝記には「后は聡慧《そうけい》にして、史書を善くす」と記されている。

彼らは貴人である。このいわば雲上人ともいうべき朝廷の貴人が、「史書」を上手に書くという話は、後漢になると例がさらに多くなる。『後漢書』によれば安帝（一〇六〜一二五年）は十歳の時に史書をよくしたというし、皇后では和帝の陰皇后と鄧《とう》皇后（この人はなんと六歳で史書が書けたという）、それに順帝の梁皇后らが史書を上手に書いたという。それ以外にも北海敬王や楽成靖王、あるいは安帝の実母である左姫などが史書の名手として名を挙げられている。

貴人が役所の文書など書くはずがない。だから彼らが書いた「史書」には、まったく使い道がなかったはずだ。しかしそれでも貴人が史書を書き、その傾向は後漢になると一層顕著になった。それはいったいなぜか。貴人たちはおそらく、自分が書いた文字の美しさを他人に鑑賞させようとしたのだろう。

現代では書道のあり方が多様化しており、書籍やテレビ番組のタイトル、あるいは駅に貼りだすポスターなど、実用的な用途を持った文字も芸術的鑑賞の対象とされる。しかし伝統的な枠に限定して考えれば、美しさを鑑賞されるのは、ほとんどが実用的な用途を持たない文字だった。文字が実用的必要から離れ、文字そのものの美の鑑賞を意図しだした時に、書道という芸術が成立する。前漢の元帝や許皇后など、皇帝や皇后など貴人が才芸として文字を書いたのは、まさに書道の萌芽を示すものなのである。

現代中国における盗掘

中国に近代的な考古学が誕生したのは、中華民国のアカデミーであった南京の中央研究院に歴史語言研究所ができ、そこに考古学を担当する班が作られた時であり、その歴史語言研究所の考古学班が最初の発掘を行う場所として選んだのは、甲骨文字の出土地として知られる河南省安陽市郊外の殷墟《いんきょ》であった。

甲骨文字の存在が世に知られるようになったのは今世紀初頭のことであるが、それはもともと土地の農民が農閑期に田を耕していて偶然に掘り出した動物の骨を、各地をこまめに回っては珍奇な文物を買い集めていた骨董商人たちに売り渡したのが最初であった。

大地にへばりつくように生きていた農民たちにとっては、田畑から発見される甲骨や青銅器などの古代の文物はまさに「金のなる木」であって、思わぬ大金をもたらしてくれるものであった。だから中央の学者たちが自分らの田んぼにやってきて、「勝手に」土地を掘りかえしては出土品を持って帰るのは、農民にとっては金の入手ルートを剝奪するに等しい、許しがたい行為と考えられたのである。中央研究院の考古学チームが始めて安陽郊外にある小《しょう》屯《とん》（甲骨文字の出土地）に発掘に入った時、土地には武装した盗掘者集団があって、学術調査をただちにやめるようにと中央から来た学者たちをしばしば脅迫した。考古学者たちは軍隊に守られながら発掘するという、異常な状態のもとで殷墟の発掘をおこなったのであった。

古代の遺跡を発掘し、そこから発見される文物を研究することの重要性など、今さら改めて語る必要もないし、このような盗賊団の話などは、今日ではすでに当然「昔物語」となっているべきである。しかしここ数年の中国での「盗掘」の大流行は、往年の盗掘団の盛行ぶりを彷彿とさせるものがあり、まったく想像を絶する驚くべき状態となっているようである。

中国がいわゆる「開放政策」を採りはじめ、また農村でそれまでの「人民公社」を解体して生産形態に新しい政策を導入して農村の富裕化に着手してからというもの、一部の農民の中にはすさまじい「向銭看《シアンチエンカン》」思想（拝金主義）がはびこっているようで、彼らは地中に眠る古代の文物を文化的遺産という目では眺めることができず、闇ルートに流して大金をもたらしてくれる「金づる」としか認識できなくなっているようである。

中国における考古学の最新情報を伝える『中国文物報』の一九九一年五月十九日号（総二三三期）によれば、同年四月末に国家文物局は、内蒙古・陝西・甘粛・青海・河北・浙江・安徽・山西の八つの省または自治区から、各地で展開される盗掘と古代遺跡の破壊活動に関する深刻な報告を受けたという。

もともと盗掘が盛んになりだした一九八七年に、内閣にあたる国務院が発布した「盗掘と文物の密輸活動に打撃を与えるための通達」の指示に沿って、各自治体の公安機関が有力な措置をとったために、最近では博物館が所蔵する文物が盗まれる事件は激減したが（そもそもこのような事件が起こっていたことこそ大問題なのであった）、しかし古代の墓葬や遺跡に対する盗掘や、そこから持ち出した文物の密輸などはますます激しくなっている状態であるという。同紙が伝える情況にはすさまじいものがあり、たとえば戦国時代の晋国の遺跡が集中する山西省の曲沃《きょくよく》県ではこの一年間に盗掘の嵐が吹き荒れて、百カ所以上の墓が破壊され、その非合法活動に参加した人数は千人を越えた。もっとも激しい時期には、農民は仕事をやめ、学生も学校に行かずに、上はなんと七十歳を越える老婆から、下はまだ幼い子供までもが盗掘に参加していたという。また内蒙古では一九八八年から九一年までの間に合計千七百九十六基もの墓が盗掘の被害に遭い、その中には「全国重点文物保護単位」(日本の重要文化財に相当する)に指定されている遼時代の皇帝の墓も三つ含まれているという。

最近の盗掘団の特徴は「現代化」と「集団化」であって、プロ集団である彼らは新型の探査スコップや無線式の高機能トランシーバーを使い、またダイナマイトまで使うこともあるという。また公安当局の取締りに対抗して、ピストルで武装までしているというのだから、それはまさにギャング集団であるといってもいいようである。もちろん公安当局も手をこまぬいているわけではなく、各地で大規模な取締りを展開し、死刑を含む極刑で対処してはいる。被害の深刻な山西省では、一九九〇年だけで二百五十一の事件を摘発し、逮捕した犯人は四百八十一人(七十三グループ)、押収した文物の総数は三千三百九件で、その内の重要文物は千八百八十二点にのぼるという。このような例は枚挙にいとまがなく、同紙の記事によれば、盗掘がおこなわれていない地域はほとんどないといった状態が感じられる。

このままの状態が続くならば、古代遺跡の破壊と文物の流出がますます進むようであり、まことに暗澹たる気持ちにならざるをえない。古代遺跡から出土する文物は人類のこれまでの歩みを示す貴重な文化遺産であるという、常識中の常識すら理解できない者が今の中国にはたくさんいるようだ。そのような愚者が狂奔する盗掘が、一日もはやく根絶されることを心から願ってやまない。

皇帝と青銅器

❖文物の修復

もう数年前になるが、中国のある大きな地方都市で、考古学関係の研究所を訪れたことがある。その研究所には文化財を修復する専門家が何人かいて、同じ省内にある遺跡から出土した文物の修復を数多く手がけているという。

日本でもそうだが、博物館などに展示されている種々の文物は、ほとんどの場合、本来の形のままで発見されるのではない。発掘によって土の中から出てくるものなら当然泥がついているから、まずそれをきれいに洗い落とさなければならないし、もしそれが陶器だったら、いくつかの断片に割れた形で出てくるのが普通である。また絹に書かれた書籍や絵画なら、折り畳まれていた部分が何年もの間にくっついてしまっているから、それを慎重に剥がさなければならない。

連日内外からの多くの観光客でにぎわう中国・西安の「秦始皇兵馬俑《へいばよう》博物館」には、総数で八千体以上ともいわれる陶器製の大軍団が、地下に整然と並んで威容を誇っているが、それでさえもともと大小さまざまの破片に割れていたのを、一つ一つつなぎあわせて復元したものである。

金属で作られたものなら、布や陶器のものに比べて、破損の状況はまだしも軽微ではある。しかし一見したところでは非常に頑丈そうにみえる青銅器でも、足や把手などが取れて発見されることは決して珍しくない。

これらの文物の中には、数千年間以上にわたって地中に埋もれていたものもある。もちろんその間には洪水もあったし、地震もあった。いやそんな天変地異をあげるまでもなく、文物が埋もれた上では、たえまなく人間の生活が展開されていた。地中の文物が完全な形で発見されることの方が、実は不思議なのである。

私が訪れた研究所では、そのような破損した文物を、できるだけ本来の姿に戻す作業をおこなっていた。それはきわめて熟練した技術と、辛抱強い根気を必要とする作業であって、対象がかけがえのないものであるだけに、失敗は絶対に許されない。

❖足の取れた鼎

だが中国には長い間の文物製作によってつちかわれた修復技術があって、その水準は世界的に見ても非常に高い。この研究所でも、他のオフィスでは冗談まじりの声高な私語が勤務時間中にとびかっていたが、この作業室だけはいささか緊張した雰囲気が感じられた。

しかしそれでも、やはり扱う量が膨大だからなのだろうか、これから修復される予定の青銅器が十点余り、作業室のコンクリートの床の上に、それこそゴロゴロという表現がぴったりするほどに、乱雑な状態で置かれていた。

私の足元には、まだ泥が付着したままで、足が一本欠けている鼎《かなえ》があった。ここで見る青銅器は、きれいに磨かれ、博物館のガラスケースの中でスポットライトをあてられているものとはちがって、まさに人間が作り、使ってきた道具であることを、生々しいまでに語りかけてくるように感じられたものだった。

さわってもかまわないかと尋ね、許可を得たので、鼎をひとつ持ち上げさせてもらった。私が選んだのは上部の口径が三十センチほどの、比較的小ぶりのものだったが、それは拍子抜けするほど簡単に、楽々ともちあげることができた。おそらく十キロくらいはあったのだろうが、それでもそれは、私の想像よりもはるかに軽く感じられた。

意外に軽いものだな、と感じたのには理由がある。というのは、鼎は古代中国の説話の中で、重いものの代表とされていたからである。

秦の始皇帝が死去した後、やがて漢王朝を建てた劉邦《りゅうほう》（高祖）と天下の覇権を争った項羽《こうう》は、小さい頃から怪力の持ち主としてよく知られていた。その項羽の怪力ぶりについて、『史記』の「項羽本紀」は「力はよく鼎をあげる」と記している。ここで鼎が重いものの代表とされていることはまちがいない。

鼎とは中ぶくらみの胴体に足が三本または四本ついた鍋で、上のふちに「耳」とよばれる把手がついている。もともとは肉などを煮るために使われた。上にある「耳」の部分は、間に棒を渡して、熱くなった鍋を運ぶためのものである。鼎とは本来このような調理器具に過ぎないものなのだが、しかしそれは祖先に対する神聖な祭りに使われたという理由によって、やがて単なる道具以上の価値を与えられることとなった。

❖春秋の覇者

かつては孔子の教えを伝える儒学の神聖な経典として崇められ、儒学が国教でなくなった現在では、春秋戦国時代の歴史説話の宝庫として読まれる、『春秋左氏伝《しゅんじゅうさしでん》』という書物がある。

『春秋左氏伝』は孔子の生国である魯《ろ》の年代記を基礎として、年ごとに起こったできごとを叙述した記録であるが、その書物によれば、魯で宣公《せんこう》という殿様が即位してから三年目のこと（前六〇六年）、長江流域で着々と軍事力を強めていた楚が北上して、周の都であった洛陽の近くで観兵式をおこなうという事件がおこった。

周は殷を滅ぼしたあと、王の一族や建国に際して大きな手柄をあげた家臣たちに領土を与えてそこを自治させる、いわゆる「封建制」によって国を統治していた。こうして全国の各地には王国が建てられ、周はその中での頂点に立って諸侯を統括する、「王の中の王」となっていた。

この制度が始まったばかりの頃は、中央にいる周と各地の王との間の結束が強く、相互に堅固な信頼関係があった。しかし時代がたつにつれて、周と各地の王国との関係がしだいに疎遠になりはじめた。さらに周が西方の異民族の侵入を受けて、それまでの首都であった鎬《こう》京《けい》を放棄し、東の洛陽に遷都したことは、諸国からの信頼を大きくぐらつかせることとなった。春秋時代になると、周の国力はしだいに衰微し、代わって大きな勢力をもつ国の中に、全国に号令する覇者《はしゃ》が登場した。

まず最初に覇者となったのは、東方の大国斉《せい》の桓公《かんこう》（在位、前六八五〜六四二年）であった。桓公は「尊王攘夷」というスローガンを掲げて、周王室を中心とする秩序を維持し、それを乱す国を討伐するのに力を注いだ。斉はもともと周の建国に際して大きな功労があった太公《たいこう》望呂尚《ぼうりょしょう》が封じられた国であり、周王室とは代々婚姻関係を結んでいた。

しかし桓公が死去するとしだいに斉は弱体化し、代わって現在の山西省に大きな領土を有していた晋《しん》の文公（在位、前六三七〜六二八年）が覇者となった。晋ももともと周と同姓の国であったから、斉や晋は覇者となっても、周を中心とする旧来の秩序の維持につとめ、周にとってかわろうとする野望をもつことはなかった。

❖台頭する楚

ところが晋の文公が没すると、中原《ちゅうげん》（黄河中流域）から遠く離れた長江流域の楚が勢力を強めだした。紀元前六一三年に、熊侶《ゆうりょ》が楚の王となった。楚の荘王である。荘王は即位後三年目にはまず小国庸《よう》を滅ぼし、六年目にはさらに宋を攻めて、五百台の戦車を奪った。

近隣の小国を制圧した荘王は、さらに大きな野望をいだくようになった。長江流域にあった楚は、そもそも黄河流域とは質の違った文明のもとにあり、種々の風俗が中原の国々とは異なっていた。そのため周を中心とする中原の諸国からは「蛮夷《ばんい》」（野蛮人）とさげすまれていたが、その反作用として、楚は周を中心とする体制に堂々と反逆することがあった。楚が軍事大国となりはじめた時期には、「我は蛮夷なり。中国の号諡《ごうし》にあずからず」と、居直りともとれる強気の発言をした王までいた。

❖鼎の軽重を問う

荘王が即位して八年目のこと、楚は洛陽の西南にあった陸渾にいた異民族を討伐するという名目で、大軍を引き連れて北上した。洛陽とは他でもなく、この時代の周の首都である。

その国境に臨んで、大規模な観兵式をおこなうことによって、楚は周に武力を誇示し、デモンストレーションをしかけたのである。

時の周王であった定王は、この時に王孫満《おうそんまん》という人物を使者にたてて、楚王を慰問した。王孫満がやってくると、楚王はさっそく周の王室に安置されている鼎の大きさや重さを尋ねた。楚王の意図としては、自分がまもなく周に代わって天下を治めることになるだろうから、その時に天子のシンボルとして周に安置されている鼎を自国に運ぶ準備として尋ねたのであり、いわば脅しをかけたのである。

しかし王孫満が楚王に対して答えた返答は、鼎の大きさや重さは「徳に在り、鼎に在らず」という、木で鼻をくくったようなものだった。つまり鼎の重さは所有者の人徳によって決まるのであり、鼎自身に備わるものではないというのだ。

王孫満が語る由来によれば、もともとこの鼎は古代の聖人で夏王朝を建てた禹《う》が、諸国から金属を献上させて鋳造させた、由緒ただしいものであった。禹が作らせたこの鼎はそのまま夏の王室に置かれつづけたが、やがて夏の末期に暴君桀《けつ》が現れると、鼎は殷の湯王《とうおう》の所有となった。しかしその殷でも、やはり最後に紂《ちゅう》という暴君が登場し、酒や遊興にふけって国政をかえりみなかったために、鼎は周の武王のものとなった。

こうして鼎が周に移ってからあとは、ずっと周王室に安置されており、周の成王が都を定めた時に国運を卜ったところ、鼎は第三十代の周王まで伝承でき、七百年の天下が続くとの卦《か》が出た。それはほかでもなく、天が定めた運命である。周は衰えたりとはいえ、依然として天子を擁する国である。だから周が天から人間社会を統治するようにと受けた天命が改まらない限りは、鼎の重さを他人が問うことは許されないと、王孫満は楚王の無礼を一蹴した。

以上は日本でもよく知られる、いわゆる「鼎の軽重《けいちょう》を問う」の故事で、後代にはある人の実力を疑い、自分がその人物にとって代わろうとすることのたとえとされるが、その話から鼎が王権の象徴と認識される重要な道具であった事実が見てとれる。またこの故事から、王朝が交替することを中国では「鼎革《ていかく》」（鼎が革《あらた》まる）と言うようになった。

❖大きな鼎

古代王朝の中心にあった鼎の重さは、その人の人徳によって決まるとされた。そこでは鼎

図15　現存最大の青銅器「司母戊方鼎」（文物出版社提供）

という青銅製の道具自身に内在する物理的な重さは完全に度外視されている。

もちろん鼎といっても大小さまざまで、これまでに発見されているもっとも大きい鼎である「司《し》母《ぼ》戊《ぼ》方《ほう》鼎《てい》」（北京・中国歴史博物館所蔵）は、なんと八百七十五キロもある。この鼎は殷王の墓に埋められていたもので、もともと盗掘者が発見したのだが、あまりに重すぎて運び出せず、そのまま埋めておいて、後日に改めて取り出しに来た時に一網打尽に逮捕されたといういわくまである。

「司母戊方鼎」はこれまでに発見された最大の青銅器だが、それ以外にも、西周初期に作られた雄渾な風格のある「大盂鼎《だいうてい》」（北京・中国歴史博物館所蔵）も百五十キロ以上あり、このように数人がかりでないととても持ち上げることができない鼎もいくつかはある。しかし大多数の鼎は、私一人でも簡単に持ち上げることができたように、それほど重いものではない。

ところで上に引用した『春秋左氏伝』では、周にあった鼎の名称や数についてまったく言及されていないが、同じ話を載せる『史記』の「楚世家」では「九鼎」という名前で登場する。

伝説によれば、禹が治水の功績によって王に推挙されたあと、九州（全国各地の意）の族長が続々と自分のもとにある青銅を贈物として献上した。禹はそれを用いて、九州を象徴する九つの大きな鼎を鋳造した。

この鼎には、人民に「神姦《しんかん》」（神聖なものと邪悪なもの）を知らしめるために、周囲にさまざまな装飾が施されていた。人々はこの鼎の装飾によって邪悪なものの姿を識別できるようになり、それ以後は未開の原野や森林などに入っていっても、魑魅魍魎《ちみもうりょう》に逢わなくなったという。

❖九鼎を狙う秦

春秋時代には楚の荘王だけが九鼎を欲しがった。だが続く戦国時代に入ると、さまざまな国が周の九鼎の獲得に意欲を燃やすようになり、周はその保護のためにいろいろと頭を悩ますこととなった。

戦国時代の各国の攻防を記す『戦国策《せんごくさく》』の冒頭にある「東周策」に、周の顔率《がんりつ》が九鼎を守った話がある。

やがて全国を統一することになる西方の強国秦が周に軍隊を派遣し、九鼎を渡すようにと要求した。強大な軍事国家からの要求に頭を痛めた周王は、智謀に長けた顔率に対策を相談した。顔率は一計を案じ、当時最も勢力のある斉に援軍を要請して、秦に対抗しようとした。

斉に使者として出かけた顔率は、もし秦を破ってくれたら九鼎を贈呈しようと斉王に約束した。タナボタとも言える申し出に大喜びした斉王は、依頼に応じて五万人の軍隊を出して秦を破り、周を救った。秦が撤退すると、斉はさっそく九鼎を引き渡すようにと周に迫った。

ふたたび斉に行った顔率は、周は貴国のおかげで助かったので、約束通りに九鼎を献上したいが、王様はどの道を通って鼎を運ぶおつもりかと尋ねた。斉は今の山東省済水《せいすい》の下流、周は洛陽にあって、その間には魯、宋、梁などの国があった。

斉王が「梁を通って運ぶつもりだ」と答えると、顔率は「それは無理です。梁の君主は前々から九鼎を手に入れようとしています。もし鼎が梁に入れば、そこから出てくることはまず不可能です」と告げた。そこで斉王が「それでは楚を通って運ぼう」と言ったところ、顔率は今度は「楚はもともと野心があり、かつて荘王の時にも鼎を要求したことがありました」と答えた。

斉王は確かにその通りだと納得し、仕方なく「ではどのように九鼎を斉に運べばよいのであろうか」と尋ねた。顔率はわざと困ったふりをして、「実は当方もそのことで困っているのです。考えてみますに、九鼎は壷や瓶のように斉までかかえて持って来られる物ではありません。ましてや鳥や兎、馬のように、飛んだり走ったりできるものでもありません。昔々周が殷を征伐した時に九鼎を得ましたが、その時には鼎一つを九万人で引きました。九鼎を引くには合計八十一万人を必要とします。殿様がそのために八十一万人をご用意になっても、しかしそれでもどこから斉に運んできてよいのか、私にもよい方法が考えつきません」と答えた。

ここまで聞いた斉王は、周には鼎を渡すつもりがまったくないことをようやくさとり、「貴殿は我が国に何回も来られたが、どうやら本気で九鼎を放棄するつもりはなかったようだ」と、九鼎の入手をあきらめた。

❖九鼎の行方

かくして九鼎は周に残されたのだが、その周もやがて秦によって滅亡させられることとなった。それでは周の滅亡後、九鼎はいったいどうなったのだろうか？

この鼎にはさらに後日談があって、『史記』の「封禅書《ほうぜんしょ》」によれば、九鼎は始皇帝が全国を統一した際にいったん秦のものとなったが、やがて泗水《しすい》という川に沈んでしまった。

始皇帝はなんとかしてその鼎を手に入れたいと思い、自らも斎戒沐浴し、千人の人間を泗水に潜らせて大捜索をおこなった。その情景が、後漢の時代の墓に装飾として描かれた画像《がぞう》石《せき》にしばしば描かれているが、それによれば、鼎は川底で発見され、首尾よく水面近くにまで引き上げられた。しかしあと一息という時に、突然鼎の中から龍が飛び出してきて、鼎につないだ縄を断ち切ってしまったという。

龍とは皇帝の象徴である。その龍が、九鼎が始皇帝の手に入るのを妨害したのは、始皇帝がそれを所有する資格と王者としての人徳を備えていないからだと解釈される。この話の背景には、「焚書坑儒《ふんしょこうじゅ》」などによって始皇帝から厳しい弾圧を受けた儒家による始皇帝観が反映されているのだろう。あのような極悪非道の人物のところに、神聖な鼎が収まるのは許しがたいと儒学者たちは考えたのである。

❖伝国の儀器

先に紹介した、夏から殷へ、殷から周へと伝わったとされる鼎の実物が、具体的にどのようなものであったのかはわからない。しかしそれが実際にどの程度の大きさのものであったかとは関係なく、それは「伝国の儀器」、すなわち国家にとってもっとも重要なシンボルであって、所有者以外には重さなど存在しなかった。そこに、古代中国人が鼎という青銅器に対して抱いた重要性が見てとれる。

鼎を代表とする殷周時代の青銅器は、すべて神に対する祭祀の場で使われたものであった。殷は神政一致の宗教的な時代であった。殷代にはあらゆる行為に関してすべて神の託宣を得るトいがおこなわれた。このトいの内容と結果を記したのが有名な甲骨文字であるが、トいを通じて託宣を求める対象は、至上神である「帝」と王室の主要な祖先神であり、それらの神々に対する祭祀はきわめて厳粛に、かつ規則正しくおこなわれていた。

祖先に対する祭祀は、祖先の位牌を祭った宗廟《たまや》でおこなわれた。宗廟は宮殿や個人の家でのもっとも神聖なところだった。そこでは霊魂の平安と子孫への加護が祈られ、そのために犠牲の動物と酒などの盛大な供物が供えられた。

祖先に供えた食物は、祖先がそれを召し上がったあと、子孫たちに「お下がり」として下賜される。祖先に供えられる食物は、神が食べる聖なる食事である。だからそれを盛るための容器も、通常のものではなく、特別に用意されなければならなかった。その時に使われたのがさまざまな青銅器であった。

祭祀の場で使われた青銅器には種類が非常に多いが、大別すれば、食物を盛るもの、酒を入れるもの、水をいれるもの、それに楽器などに分けられる。それらはいずれも、今から三千年以上も前に作られたものとはとても思われないほどに見事な、古代芸術の造形の極致といってよいものである。

❖青銅器の出土

近年めざましい発展を遂げている中国の考古学による発掘で、このような鼎をはじめとする殷周時代の青銅器が続々と発見され、その研究を通じて、中国の古代史が大きくかつ驚異的なペースで書き改められつつある。しかし地中から鼎や鐘、あるいは酒器として使われた爵や觚などが発見されることは、中国では古い時代からたえずあることで、最近に始まったことでは決してない。

文献に記される最古の例では、前漢の武帝の時代、西暦でいうならば紀元前一一三年に、今は陝西省に属する汾陰《ふんいん》という地から、周の時代の鼎が出土した。

この鼎の発見は、時の王朝にとっての一大事件であった。当時の人々の認識では、地震や日食・月食はもちろんのこと、空から何か降ってきたり、地中や水中から何か珍しいものが現れたりすれば、それは天が人間社会になんらかの意志を伝えようとして起こった現象だと考えられ、地上を統治する王が、それに対応した政策をとることが要求された。

この時に発見された鼎は、『漢書』の「郊祀志《こうしし》」によれば、「大八尺一寸、高三尺六寸」だったという。当時の一尺は約二十三センチだから、この鼎は上部の口径が約百八十センチ、高さが約八十センチという、非常に大きなものだった。このように大きなものがある日突然に発見されたのだから、当時の人々が神秘的な感覚でこれを眺めたことはむしろ当然だっただろう。

これはまさに天から地上に与えられた瑞祥《ずいしょう》（めでたいしるし）にほかならないと考えられた。かくしてこの瑞祥を称えた詩が作られ、発見された鼎は宮中の宗廟に鄭重に安置された。

❖年号の始まり

この鼎の出現は、さらにまた中国に「年号」というものをもたらす契機ともなった。

中国で年号が使われるようになったのはそんなに古いことではなく、通説によれば、この鼎の出現を契機として、中国で年号が使われるようになったという。

周から秦までの中国では、王が即位してから何年目という方法で年を数えていた。それが前漢の初期あたりから、六年ごとに「元」という単位で年を区切るようになった。武帝の時代でも即位してから「初元」（最初の六年）・二元・三元…と数字を冠して治世を数えていたのだが、その第五番目、つまり「五元」のうちの四年目に、くだんの鼎が発見された。それでこれを記念して、この年から四年さかのぼった年（すなわち「五元」の始まりの年、紀元前一一六年）を、「元鼎《げんてい》元年」とよぶことにした。これが中国における年号の始まりである。

なお現在刊行されている世界史の年表などをくると、中国では元鼎よりも前の、紀元前一四〇年に「建元」という年号がある。それ以後も六年ごとに改元されて、元光《げんこう》・元朔《げんさく》・元狩《げんしゅ》という年号が続き、それから元鼎となるが、元鼎以前の年号は、いずれも元鼎の年号が制定されてからさかのぼって命名されたものである。

❖銘文の解読

武帝の時代についで、宣帝の時（前七三～前四九年）にも、やはり今の陝西省に属する美陽《びよう》から鼎が出土した。武帝の時の鼎に銘文があったか否かは、文献に記載がないため不明だが、こちらの鼎には銘文が鋳こまれていた。

皇帝が出土した鼎の取り扱いについて協議させたところ、家臣たちはほとんどその銘文が読めず、武帝の時に発見された鼎の故事にならって、やはり宮中の宗廟に備えつけるようにと決まりかけた。

ところがその時に、首都長安の知事であった張敞《ちょうしょう》が銘文を解読し、この鼎は周代のある家臣が功績によって王から領地と褒美を賜り、その記念として鼎を製作したものであることを明らかにした。そしてそれはいわば個人的なものだから、国家のもっとも重要な場所である宮中の宗廟に収めるべきものではないと奏上し、その沙汰は取りやめとなったという(『漢書』「郊祀志」下)。

張敞は中国最古の文字学書である『説文解字《せつもんかいじ》』(後漢・許慎《きょしん》撰)の序文にも、秦の時代に漢字学習のための教科書として作られた『倉頡篇《そうけつへん》』の正確な伝承に携わった人物としても名が見え、また上の故事を伝える『漢書』「郊祀志」には、「張敞は古文字を好む」と記されている。そのような人物だからこそ周代の鼎の銘文を解読できたのだろうが、逆にいうならば、相当に訓練を積んだ者でなければ銘文の解読は不可能だったわけで、当時すでに周代の青銅器の銘文のごとき古い文字が読めるのは、実に驚嘆に値する才能であったことがわかる。

❖石鼓の発見

漢代から南北朝時代にかけては、青銅器は瑞祥として地中から出現する、神秘的なものと考えられていた。清代の人で、浙江や江西の巡撫《じゅんぶ》（長官）を歴任し、最後は両広総督《りょうこうそうとく》（広東・広西全体を統括する長官）にまで至った高官であり、また優れた考証学者としても知られる阮元《げんげん》（一七六四〜一八四九年）が、古代の銅器に対する各時代の認識の変遷について考証した論文「商周銅器説」の中で、

漢より唐に至るは、まれに古器を見る。たまたま古鼎《こてい》を得れば、あるいは改元し、神《しん》瑞《ずい》と称して、これを史冊に書するに至る。儒臣によくこれを弁ずる者有れば、世驚きて奇と為す。

と述べているのは、上に紹介した元鼎と張敞の話をふまえたもので、それが唐代までの青

銅器と銘文の文字に対する基本的な認識であった。

そんな中でもしかし、唐代には金石文字学上の大発見と呼べるものがあった。それは「石《せっ》鼓《こ》」（北京・故宮博物院所蔵）の発見である。

唐代の初期に、今の陝西省にある陳倉《ちんそう》というところで、王の盛大なる狩猟の光景をたたえた詩を刻んだ石が発見された。石は丸い太鼓状の形をしており、縦横高さともほぼ一メートルほどで、全部で十個あった。それが中国最古の石刻として知られる石鼓である。

石鼓は、その表面に刻まれた詩が、西周の宣王の時代（前八二七～七八二年）の作品とされる『詩経』小雅《しょうが》「車攻《しゃこう》」の詩に似ていることから、最初は周の宣王の時代に作られたものと考えられた（現代の研究では、戦国時代の秦のものと考えられている）。つまりそれは唐代の人々がはじめて目にすることができた、周の時代の「肉筆」だったのである。

出土した石鼓の原石は、首都長安に近い鳳翔《ほうしょう》県の孔子廟に置かれたが、この頃にはすでに石碑を拓本《たくほん》にとる技術が開発されていたから、石鼓の文字を写し取った拓本が世間に広く流布したらしい。質実剛健な古文の復興を提唱し、「唐宋八大家」の筆頭にも数えられる著名な文学者韓愈《かんゆ》（七六八～八二四年）や、同じく中唐の詩人である韋応物《いおうぶつ》（八三五年没？）などが石鼓の拓本を手に入れ、周代の文字を見ることができた喜びを詩に歌っている。

❖青銅器に対する新しい見かた

石鼓は発見されたものの、唐代では金石文字学と呼べるものはまだほとんど見られない。しかし時代が宋に入ると、その情況がしだいに変化してくる。

唐が滅び、それまでの価値観が瓦解した五代十国の戦乱時代を経過して成立した宋の文化は、中国のルネッサンスと言われるように、すべての面で斬新な気風をもったものであった。文字の研究でも、それまでとはかなり方向性も目的意識もちがったものが続々と現れはじめた。

前に引用した阮元の「商周銅器説」は、古代の青銅器に対する宋代以後の認識について、

北宋以後は、高原や古冢《こちょう》に捜獲《そうかく》はなはだ多く、始めて古器を以て神奇瑞祥と為さず、あるいは以て玩賞し、これに加うるに学者は古《いにし》えを考え、釈文《しゃくもん》は日びにますます精核《せいかく》なり。

と述べている。漢代以来の青銅器に対する神秘的な認識が払拭され、この時代には青銅器を古代の文字や歴史を考えるための文化的な資料として位置づける認識がもたれはじめた。すなわち青銅器が、学問の対象とされはじめるようになったのである。

もちろん青銅器の出土は、漢代からあともこの時代までたえまなく続いていたから、北宋の宮中にはすでに多数の青銅器が所蔵されていた。そして地中から出た青銅器に対して神秘感をもたなくなっていた宋の人々は、それらに対して科学的な研究の目を向けるようになった。また宋代にはさまざまな新制度が導入されて、そのために宮中の儀式で使う器具をあらたに作る必要があった。かくして古代の器具を参考にするために、宮中の宣和殿《せんなでん》などに保存されていた青銅器を絵にえがいて簡単な考釈を加え、臣下に配布するという事業がおこなわれた。こうして作られたのが『宣和博古図《せんなはっこず》』三十巻である。

❖風流天子・徽宗

『宣和博古図』を作らせたのは、芸術三昧のあげくに国を滅ぼしてしまったことで知られる徽宗《きそう》（一〇八二〜一一三五年）である。

徽宗は、姓は趙《ちょう》、名は佶《きつ》、神宗《しんそう》の子で、兄哲宗《てつそう》の後をうけて、元符《げんふ》三（一一〇〇）年に十九歳の若さで北宋第八代の皇帝となった。彼は少年の頃より聡明な人物だったというが、しかしこの時代には制度改革を推進する新法党と改革に反対する旧法党の抗争が激化しており、この多難の時代を統治するのは、徽宗にはいささか任が重すぎたようだ。やがて彼は国政をもっぱら側近にまかせ、芸術三昧の豪奢な生活を送るようになっていった。

徽宗の世となって、蔡京《さいけい》がめきめきと頭角をあらわしてきた。蔡京は蘇軾《そしょく》・黄庭堅《こうていけん》・米芾《べいふつ》とともに北宋四大書家の一人に数えられるほどに書に達者であったものの、政治家としては時勢を見るのに汲々としており、無節操の悪名が高い。徽宗はこの蔡京を中心とした取り巻きにおだてられ、国庫の富を湯水のように浪費して、宮殿に多数の書画骨董を集めた。宮廷の中には芸術院が設けられ、また庭園の中に自然の山水をそのまま写した動植物園を造り、国内外から数万の珍しい鳥獣を取り寄せて放し飼いにしたという。

だがこの頃、長城の北では、戦乱の風雲が急を告げていた。女真族《じょしんぞく》の金《きん》が急速に強大化し、宋の宿敵遼《りょう》にとってかわる勢いをみせはじめたのである。やがて金は宣和《せんな》七（一一二五）

年に遼を滅ぼし、破竹の勢いで宋の首都開封《かいほう》に迫った。おいつめられた徽宗は全国に義勇軍をつのるとともに、皇太子（後の欽宗《きんそう》）に位を譲って南方に逃れたが、建炎《けんえん》元（一一二七）年ついに金軍に捕らえられた。

徽宗は時の皇帝をはじめ、后妃や皇孫などとともに、数千里の道を粗末な車に乗せられて北方に連行された。彼はそのまま中国東北部の奥地、五国城（現在の黒龍江省の依蘭《イラン》附近）に抑留され、紹興五（一一三五）年わびしく世を去った。

❖『宣和博古図』の成立

徽宗は北宋を破滅させた最大の責任者であるが、しかし彼のきわめて洗練された感覚は、芸術史の分野ではきわめて高く評価される。書では「痩金体《そうきんたい》」と呼ばれる特異なスタイルをよくし、また線の使用を極度におさえ、華麗な色彩を使った写実的な花鳥画は、後世の人々から高く評価される。

徽宗は自身が多芸であったのみならず、文学や芸術の保護と育成にも積極的につとめた。彼の宮殿は、皇帝の趣味に迎合した側近が熱心かつ強引に集めた絵画や書、それに青銅器などであふれていた。そのうちの青銅器についての所蔵リストが先に述べた『宣和博古図』であり、別に絵画については『宣和画譜』二十巻が、書については『宣和書譜』二十巻が、それぞれ勅命によって編纂されている。

『宣和博古図』三十巻は、北宋での金石学の一応の到達点を示すものである。現存する『宣和博古図』には序文が失われているので、編纂の経緯については詳しくわからないが、北宋末期に作られた宋代金文学の著述目録である『籀史《ちゅうし》』（翟耆年《てききねん》著）は冒頭に『宣和博古図』を著録し、

帝（徽宗）は文武を生まれながらにして知り、三代（夏殷周）の鐘鼎の書を酷《ひど》く好めり。群臣の家に蓄える所の旧器を集め、これを天府（天子の宮殿）に萃《あつ》め、籀学《ちゅうがく》（古文字学）に通ずるの士を選んで、討論して訓釈し、以て此の書を成す。

と述べる。これによれば、『宣和博古図』は臣下の家に所蔵される青銅器をみな宮中に集め、徽宗みずからも討論に参加して作られたものであるということになる。

『宣和博古図』には全部で八百種以上もの青銅器が載せられている。これらはおそらく北宋の宮殿に所蔵されていたことは間違いない。しかし金軍の攻撃によって首都が陥落したあと、徽宗までの各皇帝が絶大なる権力によって全国から精力的に集めた書画や青銅器のコレクションは、大多数が北方に運ばれた。現在故宮博物院に所蔵される名品のうちのいくつかには、かつて金王室が所蔵したことを示す印章が押されたものがある。しかしその金もやがてモンゴルからやって来た元に滅ぼされてしまった。うちつづく戦乱にともなう大混乱の結果、徽宗が収拾した大コレクションは、その多くが無残にも散逸してしまった。『宣和博古図』に収録された多くの青銅器は、現在ではどれ一つとして見ることができなくなっている。

❖金文学の開花

宋に続く元《げん》と明《みん》の時代は、学術界に抽象的な思弁をたっとぶ観念哲学が流行したために、実証的な学問はほとんど発達しなかった。青銅器についても、せっかく宋代に学問的な基礎が固まっていたのに、この時代になると単なる骨董を愛玩する趣味になりさがってしまい、多数の偽物まで作られるようになった。

金文研究の新たな興隆は、明を滅ぼして建った清《しん》までまたなければならなかった。清の金文学の最初の業績は、顧炎武《こえんぶ》(一六一三〜一六八二年)の『金石文字記』である。清代の学問は「清朝考証学」といわれるように、観念的な空理空論を排し、経書などの古代文献に徹底的なテキスト・クリティークを加え、それに対して『説文解字』や『爾雅《じが》』など古代の信頼できる文字学書を論拠として言語学的に考証する、きわめて実証的なものだった。顧炎武は経書や古代史などさまざまな分野での考証をまとめた『日知録《にっちろく》』によって、考証学の創始者と称えられる学者だが、ある時に北宋金文学の名著の一つである欧陽脩《おうようしゅう》『集古録跋尾《しゅうころくばつび》』を読んで感銘をうけ、自分がこれまでに見た金石文についての考証をまとめて『金石文字記』を著した。このように清代の金石学は、宋代に達成された成果を基礎として展開されたものである。

❖乾隆帝と青銅器

やがて清代でも、宋と同じように、まず宮中に所蔵される青銅器の図録が作成された。

建国初期の動乱期が収束し、清の文化の黄金期を迎えた乾隆《けんりゅう》年間の十四（一七四九）年に、宮中所蔵の青銅器を調査して図録を編集するようにとの勅命が出され、同二十年に完成した。『西清古鑑《せいせいこかん》』四十巻がそれである。

清朝第六代の皇帝乾隆《けんりゅう》帝は、文武の才能に秀でた人物であり、その治世の初期には南北に軍を出して、まだ清に服属していなかった地域を次々に征服し、清朝の最大版図を実現させた。

また文化面でも平和の到来とともに伝統的な学術の振興を奨励し、多くの人材を集めた。乾隆帝はとりわけ書物の編纂に熱心で、彼の勅命によって、『四庫全書《しこぜんしょ》』をはじめとして、『皇朝文献通考《こうちょうぶんけんつうこう》』『唐宋詩諄《とうそうしじゅん》』など、大部で学術的価値の高い書物が多数編纂された。

乾隆帝は中国歴代の皇帝の中でももっとも優れた文化人の一人である。彼は書聖王羲之《おうぎし》による最高の作品とされる『快雪時晴帖《かいせつじせいじょう》』など畢世の名品三種を蔵した「三希堂《さんきどう》」（北京・故宮博物院に現存する）を建てたのをはじめとして、伝統的な文化に対して深い理解を示した。現在の故宮のコレクションの中でも名品中の名品とされるものには、彼の時代に集められたものが多い。彼の六十年に及ぶ長い治世は、まさに清朝の黄金時代であった。

❖『西清古鑑』の意義

その皇帝が宮中所蔵の青銅器の目録として作らせたのが『西清古鑑』である。これは早くから宮中に所蔵されてきた青銅器や文房具、兵器、鏡、それに古銭などを分類して図録にしたもので、青銅器の部分では、宋の徽宗が作らせた『宣和博古図』を模範とし、体裁はまったくそれに準拠している。

乾隆帝は書や古代芸術に造詣が深かったので、当時の宮中にはかなりの数の青銅器が所蔵されていた。そのため『西清古鑑』に載せられている青銅器は実に約千五百点にも達するが、しかし遺憾なことに、明の時代に宮中に入った青銅器の中には、明の学風を反映して偽物がかなりたくさん混じっている。そしてこの時代では青銅器の真贋を判断する基準がまだ確立されていなかったために、それらを除外することができず、結果として『西清古鑑』に収められるうちの約三分の一は、現在では偽物と考えられる。また『宣和博古図』に比べれば銅器の絵はかなりずさんな面もあり、銘文についても模写が小さいなど、金文の図録としては宋の『宣和博古図』の方がよく出来ている面がある。

しかし清朝の文化の黄金期を築いた皇帝の命令による事業だから、『西清古鑑』は銅版印刷の立派な書物として刊行され、社会に与えた刺激と影響は『宣和博古図』の比ではなかった。この書物によって、それまでの青銅器研究の空白は一気に埋められ、世の考古趣味の学者たちがこの分野に興味を大きくそそられた。この書物の刊行を契機として、青銅器を収集して銘文を考証するという学問が、資力の豊かな高級官僚であり、かつ文化界の指導者でもある人々の間に盛んになり、それはやがて学問的にも大きな成果を挙げるものとなっていった。

❖新しい金文学へ

たとえばこれまでに何度か引用した阮元である。時の高官であった阮元は、みずからも多くの著述を残し、また考証学に取り組む学者たちに対して経済的なバックアップと著述の刊行などで援助をして、学問の発展に大きな貢献をしたが、このような機運をうけて、金石学の面でも多大の寄与を成し遂げた。阮元は、まず宋代の金文学の成果を世に知らしめるために南宋の学者薛尚功《せつしょうこう》『歴代鐘鼎彝器款識法帖《しょうていいきかんしほうじょう》』などを覆刻し、ついで自分が所蔵する青銅器や他のコレクターが所蔵する青銅器の銘文などを集めて、嘉慶《かけい》九（一八〇四）年に『積古《せっこ》斎《さい》鐘鼎彝器款識法帖』を刊行した。また阮元がこの書のために金石学の総論として書いた「商周銅器説」の中で、漢から後の時代の青銅器の出土情況と時代ごとの青銅器に対する認識の変遷について卓見を述べていることは、前述した通りである。阮元のこの書物は、青銅器を珍奇な骨董として眺める立場から、訓詁学と結合して銘文の研究を通して古代の文化を考察する学問へと方向を転換させたものであった。

阮元のこれらの書に刺激をうけて、やがて呉大澂《ごたいちょう》（一八三五～一九〇二年）の『愙斎《かくさい》集古録』や『字説』など、数多くの質の高い金文の著録書や研究書が現れた。二十世紀の初頭に「甲骨文字」という、それまで誰も見たことがなかった文字が突然に発見されたが、それが比較的短時間のうちに解読されたことの背景には、このような金文研究の進歩があったことを忘れてはならない。

清代における金文学の達成について、ここにその詳細を紹介する余裕はとてもない。金石学の文献目録としては、容媛《ようえん》編『金石書録目』が内容も完備しており、もっとも便利であるので、参照を乞う。

❖偉大なる文化遺産

乾隆帝以降も、宮殿は青銅器を集め続けた。さらに清が辛亥革命によって滅亡し、王室のコレクションが「故宮博物院」という組織の管轄にかわっても、青銅器の収集は依然として継続された。台北の故宮博物院で連日多くの見学者をひきつけている「毛公鼎《もうこうてい》」と「散氏《さんし》盤《ばん》」は、いずれも清代の末期に発見されたもので、最初は民間のコレクターの所蔵であった。それがやがて中華民国になってから、故宮の所蔵となったものである。

二つの故宮博物院には、連日内外からの多くの見学者が訪れる。見学者のお目当てが宮殿の壮大な建物であるか、また書道や絵画の名品であるか、それは人によってさまざまではあるが、しかしいつの時代でも、皇帝のコレクションの中心には青銅器があった。それは宮殿の壮大な建築や、世界に名をとどろかす書画の名品に比べれば、ずいぶん地味な存在ではある。しかし中国に皇帝がいなくなっても、それは中華文明を継承する者が所有する「伝国の儀器」として、今も在りつづけているのである。

漢字文化を考える

地方の人が東京に行くことを「上京」というようになったのは、明治維新とともに首都が東京に移ってからであるのはもちろんだが、それが日常的に使われるようになったのはいったいいつ頃からなのだろうか。「上京」という言葉自体は『日葡辞書《にっぽじしょ》』（一六〇三年刊行）にも収録されていて、そこでは「ミヤコエノボル」と注釈を与えられているが、その時の「ミヤコ」は京都だったから、「上京」とは本来は地方の人が京都に行くことであった。そして東京に遷都してからあと、その言葉は自動的に東京に行くことを意味するようになった。ちなみに小学館の『日本国語大辞典』では、その意味で使われた用例のひとつとして徳富蘆花《とくとみろか》（一八六八～一九二七年）の『思出の記』の文章が採録されているが、しかしこれがその最古の用例だというわけでもないだろう。

「上京」が東京に行くことを意味するようになって、それまで「上京」といわれていた京都に行くことは、「上洛《じょうらく》」といわれることが多くなった。「洛」は中国の河南省にある都市洛陽から取った字で、洛陽は周が異民族の侵入を受けてそれまでの鎬京《こうけい》（今の西安付近）からそこへ都を移したのを最初として、それ以来数多くの王朝によって首都とされてきた、悠久の歴史をもつ王城の地である。その洛陽をいわば都のシンボルとして、日本でも京都を古くから「京洛の地」と呼ぶことがあった。なお「上洛」とは『平家物語』にも見えるほどに古い言葉であり、もともと京都に行くことを意味する語として「上京」とともに早い時期から併用されていた。そして東京遷都とともに「上京」の意味が変わったので、それからあとは京都に行くことを意味する言葉として、もっぱらこちらの方だけが使われるようになったという次第である。

さてそれでは、たとえば東京に住む人が大阪に行くことを、「上京」式の漢字二字の表現ではなんというかといえば、それはどうやら適当な言い方がないようだ。その代わり、大阪の側から見て、誰かが大阪にやって来ることを「来阪《らいはん》」ということがある。また大阪に暮らす私は、出張などから大阪に戻る予定の日を手帳にマークする時、「帰阪《きはん》」と書き記すことがある。このように各都市の側から見て、誰かがその都市にやって来るという言い方は各地にあり、私がこれまで見聞した例では、誰かが名古屋に来ることを名古屋では「来名《らいめい》」といい、静岡に来ることを静岡では「来静《らいせい》」というようだ。それ以外の同様の例もきっと全国にたくさんあることだろう。それは日常的に使われる表現ではないかも知れないが、しかし地方の新聞などではしばしばそのような表現を目にすることができる。

「阪」や「名」のように、日本各地の地名を漢字一字に短縮して示す言い方のもっとも端的な例は、交通機関の名称に見ることができる。東京と名古屋を結ぶ高速道路は「東名《とうめい》」高速道路であり、かつて青森と函館を結んだ連絡船は「青函《せいかん》連絡船」であった。さらに鉄道の路線名にはこのような命名によるものがいたるところに見られ、紀州と伊勢を結ぶ「紀勢線」、八王子と高崎を結ぶ「八高線」、東京と横浜を結ぶ「京浜急行」など、その例は枚挙にいとまがない。

ところでこのような名称を言語学的に考えた場合、地名が短縮形で使われる時の漢字はほとんど音読みで読まれるという特徴がある。上総《かずさ》と武蔵《むさし》を結ぶ「総武線」はソウブ線であり、姫路《ひめじ》と中国地方の中央部にある新見《にいみ》を結ぶ「姫新線」はキシン線なのである。

近頃はやりの「ユーカリが丘」などは論外として、これまでの日本の地名はほとんどすべて漢字で表記されてきたが、その読み方には訓読が使われることが多い。それは地名がもともと土地にまつわる事象の「やまとことば」に由来するものであるからで、それゆえ漢字を使ってはいても、実際には訓読みされるのが一般的である。東京や京都、北海道などは音読みする地名であるが、それは漢語での普通名詞が固有名詞化したもの、奈良は朝鮮語の発音を漢字音で写しとったもので、それらはむしろ例外的なものなのである。

しかし「東名」や「上越」など地名を漢字一字に短縮した時には、その漢字は音読みされることが多い。地名の短縮形に使われる文字は、もともとの地名から切り離されて、漢語語彙の一種と認識されるようになるのである。これは鉄道や交通機関などをその中に含んだ、社会を動かす基本的システムにかかわる語彙が日本語では原則的に漢語語彙によって構成されるという性格による現象と考えることができよう。

このような例でのもっとも興味深い事例は鹿児島にある。私事であるが、私は数年前に鹿児島大学から集中講義の招請を受け、一週間ほど鹿児島市に滞在したことがある。講義が済んでから市内の名所を見物する機会があり、その折りに城山や桜島などとともに、フランシスコ・ザビエルを記念した教会や公園を見学することができた。

イエズス会の宣教師フランシスコ・ザビエルが弟子とともに鹿児島に上陸したのは天文十

八（一五四九）年七月のことで、その後ザビエルは約十ヶ月間鹿児島に滞在し、百五十人余りに洗礼をほどこした。これが日本における最初のキリスト教の伝道活動であり、それを記念して、明治末期に市内にザビエル上陸記念堂が建てられた。それが戦災で消失したのを、昭和二十四年に再建したのが現在のザビエル記念教会である。

ザビエル記念教会の隣の公園には彼の胸像がある。この像は戦後に教会を再建した時に作られたものであるが、そもそも教会の再建はザビエルの渡来四百周年にあたる一九四九年におこなわれた。そのことは胸像の前に立つ二本の柱にも記されているのだが、それには「聖ザビエル来麑四百周年記念」というような文章が刻まれていた。

古代中国の文字学を研究対象とする私は、たまたまこの「麑」という漢字に見覚えがあった。これは古代中国の百科事典であり、また後には経書とされた『爾雅《じが》』に見え、音読みはゲイ、《鹿》を部首としていることからわかるように、本来は動物の一種を指す字である（注釈によれば、唐獅子であるという）。

だがこの「麑」が鹿児島の土地で、地名を示す漢字として使われているのだから、おそらく動物の一種という解釈は適当でなく、単に《鹿》と《児》（本来の字形は《兒》）とを組み合わせたものであることから、鹿児島の代名詞に使ったものであろうと推測された。

　この字を見た時、鹿児島の人々はこの字をなんと読んでいるのかが私にはわからなかった。『爾雅』はいささか特殊な書物であり、日本ではそれほど読まれていないから、本来の字音である「ゲイ」ではなく、土地の人々はその字一字で「カゴシマ」と読んでいるのではないか、と私は勝手に判断した。そしてそのまま宿舎に戻ったのだが、夜なにげなくつけたテレビにこの字がふたたび登場した。それはたしか自動車教習所のCMであったと思うが、この「麑」という字を社名に使ったところがあって、そこではこの字を「ゲイ」と読んでいたのである。やはりこれも字音を使っていたのだ。しかも鹿児島という地名を表す漢字として！

「帰阪」してから調べてみると、鹿児島のことを「麑」という字で表した例は実は非常に古く、『続日本紀』の天平宝字《てんぴょうほうじ》八（七六四）年十二月の条に、

　是ノ月、西方ニ声有リ、雷ニ似テ雷ニ非ズ、時ニ大隅薩摩《おおすみさつま》両国ノ堺ニ当リテ、烟雲晦《えんうんかい》冥《めい》シテ奔電《ほんでん》去来ス。七日ノ後スナハチ天晴レ、麑嶋信尓村ノ海ニ於イテ、沙石《させき》自ラ聚《あつま》リ

テ、化シテ三嶋《みしま》ト成ル。（以下略）

とある。

鹿児島という地名は、一説によれば船頭・漁夫をいう古語「カコ」に由来し、またシマとは「一定の地域」という意味であるという。そしてこの名称が文献に登場するのは先に引いた『続日本紀』が最初なのだが、この時からすでに鹿児島は「麑」という字で表記されていた（同様の例はまた『和名類聚抄《わみょうるいじゅうしょう》』にも見える）。

「カコ」の「シマ」を示す漢字として、古代の日本人はまず「麑」という字を選択した。そこでは文字の意味は意識されず、単に字形を構成するふたつの要素の、それぞれの字音を表音的に採用しただけであった。しかしその後、その字は日本語における通常の漢語語彙の規範的な使い方に従って、やがて本来の音読みで読まれるようになった。ここに日本人が中国から導入した漢字を自家薬籠中のものとしてきた、もっとも典型的な例を見いだすことができるであろう。

当節中国漢字事情

北京空港到着ロビー。ジャンボ機から降り立った日本人客の一人が掲示板を眺めながら、「漢字の国だから筆談でなんとかなると思っていたけれど、この字では無理だなあ」と話している。「北京国际机场」とあるのを見て、「あの字は『際』だろうが、でも『机場』でなんで空港という意味になるのか」という声も聞こえる。

革命後の中国が、言語文字政策の中でもっとも力を注いだのは漢字の簡略化だった。それまでのごく一部の知識人しか漢字を読み書きできない状況を改善すべく、政府は構造を簡単にした漢字（これを中国では「簡体字《かんたいじ》」といい、本来の字形を「繁体字《はんたいじ》」という）を正規の文字として、公文書や学校教育などに積極的に使用するように指導した。

しかし文字の簡略化はもともと両刃の剣ともいえる性格をもっており、徹底的につき進めれば、漢字に関する規範の喪失につながる危険もあった。古い規範の廃止は、たとえ一時的にせよ、無秩序状態を現出させる。そしてその状態が長引けば、やがて漢字が誰にも読めなくなってしまう可能性まであった。

やがて起こった文化大革命は既存の権力に対する反逆を肯定するもので、漢字の簡略化は最初から「マルクス主義的、プロレタリアート的」な方法とされていたから、文革の時には新しい簡体字を作って使うことが自分の言語生活が「革命的」であることを示す有力な方法となった。こうして壁新聞や印刷物に、これまで見たこともない、場合によっては書いた本人にしか読めない「簡体字」が使われはじめた。

さすがにこのような漢字は、最近ではすっかり見かけなくなった。しかしそれにかわって、今の中国で目立つのは繁体字の復活である。

繁体字の復活は、もともと台湾や香港からの里帰りを兼ねた観光客が激増して、彼らが「大陸の簡体字は読めない」と文句をいいだしたのがきっかけである。台湾や香港の中国人が簡体字を読めないというのは、おそらくウソである。ウソといって悪ければ、それは相当に誇張した言い方である。およそ中国語の文章が読める人ならば、簡体字であろうが繁体字であろうが、意味はほとんどわかるものだ。だから台湾や香港の人々も実際に簡体字が読めないのではなく、単に読みにくいか馴染めないだけで、そしてその背景には、自分たちの漢字に対して「勝手に」大胆な省略を加えた文字改革政策そのものに対する反発がある。それは伝統的な文化に内在する民族のアイデンティティに深く根ざした発言なのである。

しかし、台湾や香港から里帰りする人々は経済力を持っているから、大陸で商売をする人々は彼らの意志に迎合するにやぶさかでない。先方が簡体字をいやがるのならば、繁体字を使えばよいではないか、これなら台湾や香港のみならず、日本や韓国からの観光客やビジネスマンにだって好評を得るにちがいないとの思惑が働いた。事実、海外との合弁で進められている事業に関係する文章は、ほとんどが繁体字で表記されている。

そしてその延長として、今の中国ではどうやら繁体字は高級な印象を与える文字としての位置づけを与えられつつあるようだ。繁華街の目抜き通りでも、高級衣料品を扱うブティックや豪華なレストランなどでは看板に繁体字を使い、それに対して一般の商店では「むかしながらの」簡体字を用いるという傾向が如実に感じられる。

日本や韓国で起こりつつある漢字の復権の波が、漢字の本家である中国に着実に押し寄せつつあるのはまことに皮肉なことといわねばならない。

日中関係と漢字文化

　昨年（一九九八年）末のこと、自宅に文化庁から電話がかかってきた。我が家にかかってくる仕事の電話といえば、大学以外にはせいぜい出版と放送方面くらいで、中央官庁からの電話など空前のことであった。折りから公務員の規律が問題となっている時期であり、電話を受けた家人は私が大学でなにか不祥事をしでかし、しかるべき機関から査問をうけることにでもなったのかと、いささかあわてたようであった。

　受話器をうけとり、用件を聞いてみると、東京で開催されるシンポジウムにパネラーとして出席せよという依頼であった。このシンポジウムは国語審議会が文部省に答申を出すための参考意見を徴集するために恒例として開催するものであるとのことで、今回のテーマであるコンピュータ社会における漢字の問題についての考えを話せとのことであった。

「甲骨文字」や青銅器の銘文など、古代中国の漢字文化を研究する私が、同じ漢字とはいえコンピュータのそれに関係するとは、世の中も変わったものである。私が小・中学校に通っていた昭和三十年代では、漢字は近代社会の達成に妨害となる遅れた文字体系で、一刻も早く廃止すべきであるというような主張が声高に議論されていた。それが現在では、漢字の検定試験に数十万人がおしかけるようになった。あれほど盛んだった漢字全廃論はおろか、制限論さえほとんど見かけなくなってしまった。

この変化の最大の原因は、コンピュータ（ワープロを含む）で六千以上もの漢字が、いとも簡単に書けるようになったことにある。簡単に書けるのならば、漢字ほど情報伝達の効率のいい文字はない。そのことに気づいた日本人が、正々堂々と漢字を使い出したのである。科学の最先端にある技術によって、世界最長の歴史をもつ文字が復権を果たしたのは、思えば皮肉なことである。

シンポジウム会場では、私を含めて六人（私以外は日本語・コンピュータ・教育・報道関係の専門家）が意見を具申し、それをめぐって会場の参加者との質疑応答がおこなわれたのだが、議論がもっとも盛り上がったのは、コンピュータによる戸籍処理での異体字の問題であった。

日本人の苗字には、各個人のアイデンティティがある。同じ「わたなべ」でも、私は渡辺や渡邊でなく渡邉なのです、という主張にはやはり説得力がある。そのため現在のコンピュータで使える漢字には多くの異体字が含まれているのだが、それでもまだ書けない苗字がたくさんあるという。

ここに行政における漢字の難しさがあるのだが、それに関連してある参加者から、

最近の日本には外国人が多く、中でも特にたくさんいる中国人の中には、役所での外国人登録に本国で使っている簡体字（構造を簡単にした字形）を使ってほしいという意見がある。だから日本の戸籍処理でも、中国の簡体字を使えるようにするべきである。つまり、「毛沢東」さんは「毛泽东」と、「司馬遷」さんは「司马迁」と書くべきである。かつて不幸な時代を経験した日中関係での、それが望ましい形態である、

という意見が出た。

この主張に関して発言を求められたので、私は次のように述べた。

日本の戸籍は日本語で表記されるものである。日本語を書くための公用文字は、漢字とひらがな・カタカナであって、その中の漢字は日本での規範に従うべきである。「马」や「东」のような簡体字は、一九五〇年代の中国で推進された文字改革の結果、中国での文字の規範となったもので、日本語を記録するために使われる字形ではない。日本の

戸籍で「毛泽东」とか「司马迁」と書かれないのは決してその人の人権にかかわる問題ではなく、単なる国語国字政策の問題である、と。

私のこの発言は、日本の戸籍でも中国の簡体字を使えというその人には不愉快に感じられたようだ。その人の主張を簡単にまとめれば、中国人には彼らがよく慣れている漢字を使ってやれということなのだが、どっこいそうは問屋がおろさない。日本には日本の漢字文化があって、それははるか昔に中国から受容したものを基礎としてはいるものの、千年以上ものあいだに日本独自のさまざまな変容を遂げている。

私とてかつて日本が中国に対しておこなってきた罪業を認識し、謝罪すべき点が多々あることを認めるのにやぶさかでない。大学での講義でもそのことを教えなければならないと常々意識している。しかしそのことと日本語における漢字の在り方とは、まったく別の次元のことがらなのである。

ハイドロ・スタティック・ベアリングのこと

日本には仮名という表音文字があるために、いとも簡単に外来語をとりいれることができるが、しかし漢字ばかりの中国語ではなかなかそうもいかず、外来語はその本来の意味に即して漢字に訳すのが普通である。クーラーは「空調」、カラーテレビは「彩電」、タクシーは「出租汽車」(最近では香港から入った「的士」がよく使われる)、デパートは「百貨大楼」、ライターは「打火機」、などその例は枚挙にいとまがない。

コカコーラを中国語で「可口可楽」と書くことは日本でもよく知られているが、あの書き方はもともと同社が一九三〇年代に上海に進出した時に中国での商品名を公募した結果決まったもので、応募して採用された人物は莫大な賞金を手にしたという経緯がある。それはともかく、あの名称は発音がコカコーラに近いだけでなく、文字を連ねた意味でも「口にすべく、楽しむべし」と読め、なかなか上手な翻訳であるといえる。

このように音と意味の訳を兼ね備えたものを「音義訳」といい、これにはなかなか面白いものがあるが、その中でも最高傑作と思えるのは「ミニスカート」である。ミニスカートは中国語では「迷你裙子」といい、「你」とは二人称単数代名詞（「ニーハオ」の「ニー」）であり、「裙子」はスカートをいう。で、全体の発音はミーニーチュンズとなって音訳語となるのだが、文字づらでは「あなたを迷わすスカート」とも読めるという仕組みになっているのである。

以前に台湾に行った時にスーパーマーケットで買い物をしてると、緑のプラスチック容器に入った家庭用洗剤があって、容器には「魔術霊」と書かれていた。「霊」は「(クスリなどが) よく効く」、あるいは「頭の回転が速い」ことをいう形容詞で、リンと発音する。この洗剤はどこかで見たことがあるなと考えていて、ハッと気づいたのだが、それは日本の「マジックリン」という製品であった。

このような例は決して近代の商品名に限られるものではなく、数学の一分野である「幾何」も、もともとは音訳語であった。「幾何」とは古代中国語では「いくら、いくつ」という数量を尋ねる表現であって、それが数学の分野の名称となったのは、直角三角形で直角をはさむ一辺が3で、もう一辺が4だったら、残る斜辺は「いくら」かな？ という計算をする学問であることに由来する名称で、さらに「幾何」の広東語での発音が英語のgeometryに近いことから命名されたものであった。

外国の地名や人名も、中国ではもちろん漢字で表わされる。「倫敦《ロンドン》」や「巴黎《パリ》」、また「歌徳《ゲーテ》」などは有名であるが、しかしなかには漢字の字音だけでは理解できないものもあって、「聖林」がハリウッド（Hollywood）であるというのは、判じものに近いといってよいであろう。また「剣橋大学」が「ケンブリッジ大学」であり、「牛津大学」が「オックスフォード大学」であるというのは、冗談のように思われるかも知れないが、しかしそれは外国の地名の訳として使われる正式名称なのである。

それに対して日本語における外来語は、ほとんどの場合外国語での原音に近いように片仮名に置き換えるだけで、中国語の研究に従事する私から見れば、ややお手軽にすぎると思えるところもある。

もう随分前のことであるが、ある時中国の科学者を案内して、愛知県内のある精密機械工場に見学にいったことがあった。工場見学での通訳であるから、事前に工業関係の単語をおさらいしておかねばならず、その人はベアリングの専門家だったから、はるか昔に中学校の技術家庭科で習った知識を総動員して、ボールベアリングやローラーベアリングなんかの関係の単語を必死で覚えた。しかしいざ工場につくと、そこは人工衛星にとりつける反射鏡を磨く工場であり、「精密工業って時計とか、カメラとか…」という程度の私の知識をはるかに凌駕するところであった。

予想通り「どんなベアリングを使っているのか?」との質問が出て、そのまま訳して尋ねると、「これはハイドロ・スタティック・ベアリングを使ってます」との答え。ハ、ハ、ハイドロ…?なんだそれは、ととまどうが、しかし通訳は逃げられないから、「这是ハイドロ・スタティック・ベアリング…」(这是= This is) とオタオタする私を無視して、中国の客はしきりにうなづいていた。もともと専門家である彼は機械を見ただけで分かっていたのだが、儀礼的に質問しただけのようだった。つまり私だけが馬鹿をみたわけで、私はこの時ほど、日本語がいとも簡単に片仮名で外来語を表すのを恨んだことはなかったのである。

ナポリで漢字を教える

イタリアの大学から講義に招かれた。これが自然科学や国際関係論の専門家なら、欧州の大学で講義することなど少しも珍しくないのだが、私の場合は教える内容が「漢字」だから、友人たちからずいぶん不思議がられたものだった。

目的地は風光明媚なサンタルチア港で知られるナポリで、そこに「東方大学」(Istituto Universitario Orientale) がある。

ここは日本語や中国語をはじめとして、朝鮮語、ベトナム語それにアラビア語など、アジア・アラビア地域で使われている言語を教える大学であって、日本式にいえば、アジア・アラビア系外国語大学、となるだろうか。

漢字を使う言語を専攻するイタリア人の学生などごく少数にちがいない、と思っていたのは大きなまちがいだった。のべ十日間にわたった私の講義には、常時七十名から八十名もの学生が出席してくれた。その他にも、日本語や中国語を専攻する学生はまだまだたくさんいると聞いた。

講義は日本語と中国語で話し、ところどころ現地の教官がイタリア語でかいつまんで説明する、という方式でおこなったのだが、上級生（三・四年）の中には、イタリア語の説明なしでも話をほぼ理解できる者がかなりいたようだ。

「日本から漢字の専門家が講義に来る」との掲示が出た時、彼らが最初にイメージしたのは、漢字を使った難読語や故事成語などについての講義だったらしい。だから難しい書き取りの試験があるのでは、とか心配していたそうだが、実際に私が話したのは「甲骨文字」以来の三千年におよぶ文字文化の歴史だった。学生たちははじめとまどい、そしてすぐに興味津々で聞いてくれるようになった。

昼食に入ったピザ屋で、ある女子学生が流暢な中国語で話してくれた。

アルファベットだけを使う国に生まれ育った自分は、大学に入ってはじめて漢字に出会った。自分にとっての漢字は、まず覚えにくく書きにくい、そして何通りもの読み方がある、実にやっかいな文字だった。しかしことばの学習を通じて漢字とつきあっているうちに、一字ずつに意味が備わっているという漢字の特性がきわめて新鮮に感じられるようになった。

表意文字を知り、それを使えるようになってから、自分はものに対する認識のしかたが確実に変わった、という。

今年（一九九九年）の春に『漢字の社会史』（PHP）という小さな本を出した。漢字がこれまでの人間社会でどのように歩んできたかを私なりにまとめたものだが、その「社会」とはもちろん中国と日本である。そこでは目の前で漢字が使われているのが当たり前である。しかしひとたびヨーロッパに行けば、漢字は決して万人にとって自明の存在ではない。「異文化から見る漢字」という視点で、西洋の若者とともに東洋の文字文化を眺めることができたのは、私にとっても大きな収穫をもたらす経験だった。

日・中・韓の「漢字交流」

今年（二〇〇一年）六月二十七日から二十九日にかけて、韓国のソウルで「漢字文化圏内の漢字生活問題をめぐって」（国際漢字振興協議会主催）というシンポジウムが開催された。「漢字生活問題」とはあまり聞き慣れない表現だが、要するに日常生活における人々と漢字との関わりあい方を総合的に意味するもので、会議には韓国と日本、中国（大陸と台湾を含む。以下同じ）から漢字研究者十数名が集まり、それぞれの専門上の立場からの報告をおこなった。

この会議のテーマは、日・中・韓で共通に使われる漢字の枠を定め、それぞれの字形を統一できないか、というものであった。

日本と中国、それに韓国では漢字をとりまく状況が大きく異なっていて、言語生活上に占める漢字の比重は国ごとに違うし、実際に使われている字形もまちまちである。周知のように中国大陸では文字改革の結果、字形を大幅に簡単にした「簡体字」が正規の文字として使われているが、それに対して台湾では旧来の字形がそのまま使われている。

図16 ソウルで行われたシンポジウム（左から4人目が著者）

韓国ではながらく「ハングル専用運動」が推進されてきたので、漢字の使用率が他の国々に比べると格段に低くなっている。学校では古典文化の継承などの目的のために、合計千八百字の教育用漢字が一応は教えられるが、しかしそれも社会にはそれほど定着していないようだ。聞いた話では、漢字が使われている新聞を満足に読めない若年層が、大学生を含めて大量に存在するとの由であった。

日本には常用漢字という規格があって、さらに二〇〇〇年末に国語審議会が「表外漢字字体表」を答申した。また情報機器による漢字処理に関する種々の問題が山積している。

会議ではそのような状況を直視して、まず各国の現状を把握し、そこから出発して、常用漢字枠の国際規格を制定することは可能か否か、また中国大陸の簡体字を含めて、各国で使われている漢字の字形を統一することは可能か、といった問題をめぐって、さかんに討論がおこなわれた。ソウル中心部の大きなホールで開かれたシンポジウムには、韓国の教育やマスコミ関係者が多く集まり、また若い世代の人々も熱心に議論に耳を傾けていた。

韓国ではいま、来年のワールドカップ開催を視野にいれた国際交流熱が盛りあがっていて、それとともに漢字復興の機運が高まっているようだ。高速道路や地下鉄では地名や駅名がハングル以外に漢字でも書かれるようになったし、街中の看板も以前はまったくといっていいほどにハングルばかりだったのが、そこにも時々漢字が併用されるようになった。

いうまでもなく、日・中・韓はかつての「漢字文化圏」を構成した重要な中核であったのだが、しかし現実の文字文化には大きな開きがあって、それを統一するのは容易なことではない。しかしコンピュータとインターネットの急速な普及によって推進される情報のグローバル化は、もはや待ったなしに問題の解決を迫ってくる。この問題に立ち向かい、それを解決するためには、なによりも三つの国が緊密な連絡をとりあい、真剣で熱心な協力体制を確立することが必要であり、今回の会議でもそのことがあらためてはっきりと確認された。

しかし今回の会議を主催した「国際漢字振興協議会」（鄭秉学会長）は一民間団体にすぎない。今回のシンポジウムにあたってはいくつかの財団や団体がバックアップしたようだが、それでも、このような壮大な事業を民間団体だけで推進するのにはもちろん限界がある。聞いたところでは、二〇〇二年を「漢字交流年」としようとする動きがあるらしい。それが国家レベルでアジアの文字文化をいっしょに考えていこうという試みであるならば、私はもろ手をあげて賛成したい。

漢字をめぐる宇宙

この世に漢字はいくつあるのか

本書を刊行している版元に、「これが五万字」という刊行物がある。これはB全判一枚刷りの大きなポスターであって、そこには同社が世界に誇る辞書『大漢和辞典』に収録されているすべての漢字が、ぎっしりと配列されている。筆者もこれを仕事場の壁に貼っていて、時折眺めることがあるが、これだけ大量の漢字が、一字として重複することなくずらっと並ぶさまは、まことに壮観であるというほかない。

ところでここに「五万字」というのは概数であって、正確には四万九千九百六十四字だとの由だが、しかしこの数字でも膨大な字数であることにかわりはない（注1）。それだけの親字を収め、さらにそのそれぞれの漢字を伴った熟語をも大量に収めた『大漢和辞典』は、疑いもなく世界屈指の規模を持つ辞書である。

ところが近年になって、この『大漢和辞典』をしのぐ数の漢字を収録した字引きが、中国から出版された。全八冊からなる『漢語大字典』（四川辞書出版社・湖北辞書出版社刊行）がそれである。ただ両者がともに字引きであるとはいっても、『大漢和辞典』が文字だけでなく熟語の意味まで説明している「辞典」であるのに対して、『漢語大字典』の方は「字典」、すなわち親字として掲げられる漢字の字音や字義だけを注記した書物で、熟語を一切取りこんでいない。なお中国では、このように「字典」と「辞典」(中国語では「詞典」と書く)は厳密に区別されるものであり、「字典」である『漢語大字典』と兄弟の関係にある「辞典」として、やはり全十二冊と索引一冊からなる大規模な『漢語大詞典』(漢語大詞典出版社刊)が刊行されている。

『漢語大字典』には熟語がまったく収録されていないため、書物全体の規模は『大漢和辞典』ほど大きくはない。しかしそれには『大漢和辞典』にも見えない漢字が多く収録されていて、総収録字数は公称で「約六万字」に及ぶという(注2)。

さらに、筆者がつい最近、来日中のさる中国人言語学者から聞いた話では、現在の中国には総収録字数八万字に達する、さらに大きな字典の編纂計画があって、すでに基礎的な作業が開始されているとのことである。これは金石文資料や敦煌文書などに使われていながら、これまで見過ごされていて、どの字典にもまだ収録されていない異体字などをも採録し、

『漢語大字典』を補完する、より総合的な字典を作る目的のもとに編纂されるとの由である。

日本の『大漢和辞典』で約五万、『漢語大字典』では約六万、そして現在中国で計画中の字書では、その詳細はまだ不明であるものの、なんと八万もの漢字を収録する予定という。このような話を聞けば、いったい漢字とは全部でいくつあるのだろうか、との疑問を禁じえない。

しかしこの「漢字の数はいくつあるのか」というのは、たとえば「中国語で使われる単語は合計いくつあるのか」という問いなどと同様に、永遠に正解を確定することができない問題である。

その理由にはいくつかあるが、中でももっとも大きな要因は、漢字が誕生してから現在に至るまで三千年以上の時間にわたって、一貫して表意文字として使われてきたという事実にある。

世界の文字の中には、日本の仮名や朝鮮のハングルのように、最初から表音文字として制作されたものがないわけではない。しかしそれは比較的新しい時代に発明された文字であって、古代文明の中で誕生した文字の場合は、ほとんどが発生の段階では表意文字であった。

今日では表音文字の代表といえるアルファベットも、誕生した時には表意文字として使われていた。アルファベットの最初にある「A」はもともと牛の角をかたどった象形文字で、この文字は「牛」を意味する表意文字として使われた。同様に「B」は家の屋根をかたどった象形文字で、これもまた「家」を意味する文字として使われた。このようにアルファベットも最初はそれぞれの文字が固有の意味を持つ表意文字だったのだが、やがて他の民族が自分たちの言語を表記するための文字として借用した時に、それぞれの文字に備わっていた意味を切り捨て、単にその字の発音だけを利用するようになった。これを契機として、アルファベットは表音文字として使われるようになった。

それに対して、漢字は発生以来現在に至るまでずっと、外国の人名や地名を表すための「音訳字」として使われる場合などを除いて、基本的に表意文字として使われ続けている。

表意文字にはそれぞれの文字に固有の意味がある。そのことを逆にいうならば、それぞれの文字は特定の事物や概念を表すために制作された、ということになる。しかしこの事物や概念は、人間が暮らしている環境においてはいわば無限に存在する。それらはいずれも、まずはじめは口頭の音声で表現されていたが、やがてそれを文字で表記する必要が生じた。その時、アルファベットや仮名のような表音文字を使うならば、たかだか数十種の文字の組み合わせによって、それぞれの事物や概念を表すことができた。しかし表意文字である漢字では、それぞれの事物や概念を指し示すために個別の文字が作られた。漢字の字種（ある一つの文字体系の中で使われる文字の種類）が時代とともに増加したのは、表意文字としての宿命であったといえよう。

そしてそれに加えて、漢字には悠久の歴史がある。漢字の字数が増加した理由の二つ目は、この文字が使用されてきた時間の長さにある。漢字が中国大陸で、いつ頃から使われるようになったのか、その確実なことは現在でもまだはっきりとわかってはいない。一昨年（一九九三年）に「最古の漢字」として新聞などで話題になった陶片上の「文字」は、山東省にある新石器時代の遺跡から発見されたもので、それはだいたい紀元前二二〇〇年前後のものと推定された。これが文字であるかどうかはまだ検討の余地があるが、しかし確実に文字であると断定できる商（殷）代の「甲骨文字」は、紀元前一三〇〇年前後から約三百年間使われたもので、それは現在の漢字の直接の祖先であることが明白である。すなわち甲骨文字から数えても、漢字は現在までに三千年以上の歴史を有し、そしてその文字は中国や日本においては、現在でもまだ膨大な数の人間によって日常的に読み書きされている。このような文字体系は世界において他にまったく類例を見ない。

元素

原子序数 ← 19 K → 元素符
钾 → 元素名 注*的
原子量 ← 39.0983

周期＼族	I_A	II_A	III_B	IV_B	V_B	VI_B	VII_B	
1	1 H 氢 1.00794(7)							
2	3 Li 锂 6.941(2)	4 Be 铍 9.0121823(3)						
3	11 Na 钠 22.989768(6)	12 Mg 镁 24.3050(6)						
4	19 K 钾 39.0983	20 Ca 钙 40.078(4)	21 Sc 钪 44.955910(9)	22 Ti 钛 47.88(3)	23 V 钒 50.9415	24 Cr 铬 51.9961(6)	25 Mn 锰 54.93805(1)	26 Fe 铁 55.847(3)
5	37 Rb 铷 85.4678(3)	38 Sr 锶 87.62	39 Y 钇 88.90585(2)	40 Zr 锆 91.224(2)	41 Nb 铌 92.90638(2)	42 Mo 钼 95.94	43 Tc 锝 (97,99)	44 Ru 钌 101.07(2)
6	55 Cs 铯 132.90543(5)	56 Ba 钡 137.327(7)	57－71 La-Lu 镧系	72 Hf 铪 178.49(2)	73 Ta 钽 180.9479	74 W 钨 183.85(3)	75 Re 铼 186.207	76 Os 锇 190.2
7	87 Fr 钫 (223)	88 Ra 镭 226.0254	89－103 Ac-Lr 锕系	104 Rf 𬬻* (261)	105 Db 𬭊* (262)	106 Sg 𬭳* (263)	107 Bh 𬭛* (262)	108 Hs 𬭶* (265)

図17 『新華字典』の元素周期表（部分）

三千年以上に及ぶ漢字の歴史は、同時にまた東洋に暮らした人間とともにあった。この長い時間に、中国ではたえまない文化の発展があり、社会には新しい事物や概念がどんどんと登場した。そしてそれに応じて、さらに多くの漢字が新たに作られるようになった。

たとえば図17は、現在の中国でもっとも規範的な字書とされる『新華字典』の巻末に付せられる「元素周期表」である。この表の中にはアルファベットで表される元素記号に対応してそれぞれ漢字が配されているが、それらは「鉄」や「銅」など少数のものを除いて、ほとんどが見慣れない漢字である。実はこれらの字のほとんどは単に元素を表すためだけに使われる漢字であり、いうまでもなく近代化学が西洋から中国に伝わってから作られたものだが、この元素記号用の漢字だけでも、今では優に百個を越えている。

さらにまた、漢字は本家である中国から近隣の諸国にも伝播して、それぞれの国での言語表記に使われた。漢字の総数量が増大した理由の三つ目は、それが使用された範囲の広さにある。

過去の東アジア地域において、中国は群を抜いて高度な文化を誇る国だったから、朝鮮半島に建てられた国々や日本、あるいはベトナムなど周辺の諸国は、早くから中国に使者を派遣して中国の高度な文化を自国に導入してきた。その文化伝播の原動力は、ほかでもなく漢字であった。もともと固有の文字を持たなかった周辺諸国は、中国での規範的な文体（それを日本では「漢文」と呼ぶ）によって漢字で文章を書き、外交関係を機能させてきた。

それは対中国の外交ではもちろんのこと、中国を介在しない外交関係においても、またそうなのであった。江戸幕府に仕える家臣たちと朝鮮通信使の間に多くの優れた漢詩が交わされた事実は、近世においてもアジアの国際関係の中心に中国の伝統的な文化と漢字があったことを雄弁に物語る。こうして過去の東アジア地域一帯には、口頭の言語は通じなくても、漢字で書かれた文書によって相互に意志の疎通が可能であるという状況が成立した。これを「漢字文化圏」という。

この漢字文化圏内では、各国は国内においても漢字を自国の言語表記に適するようにさまざまな工夫を凝らしてきた。中でももっともわかりやすいのは日本で、日本では中国に存在しない漢字を独自に制作することまで行われた。「峠」や「榊」あるいは「辻」などの「国字」と呼ばれるものがそれで、こうしてもともと中国語（漢語）を表記するための文字であった漢字が、他の国においても主要な文字として存在する基盤がここに成立した。

漢字の内部に膨大な数の字種が含まれることとなった背景には、上述のような種々の理由が考えられる。この結果、五万とも六万とも数えられるほどの膨大な量の漢字が作られてきたのだが、しかしそのように大量の漢字のすべてを、歴代の中国あるいは日本人が実際に使いこなしてきたわけでは決してない。ここまでに述べてきた漢字の総字数とは、歴史的な蓄積の結果であって、これまで存在したあらゆる漢字の総量にほかならない。時間軸を横に切って考えれば、ひとつの時代に使われる漢字は実はそれほど多くなく、数万の内の大多数は、実際にはほとんど使われない漢字だった。

そのことを考えるために、過去の中国で漢字の字書に関する規範を確立した『康熙字典《こうきじてん》』の記述をここで見てみよう。清の康熙帝の勅命によって編纂された『康熙字典』（一七一六年完成）には四万七〇三五字が収められていて、『大漢和辞典』ができるまでは世界最大の収録字数を誇る字典であったが、その制作の基礎には明代に編纂された『字彙《じい》』と、それを補訂した『正字通《せいじつう》』という二種類の字書があった。『康熙字典』はこれらの字書の誤りを正し、同時にそこに収められていない漢字を収録することが編纂目的のひとつであった。そのことは同書の「凡例」に次のように書かれている通りである。

『正字通』に載する所の諸字は、多く未だ尽くさざるもの有り。今備《つぶ》さに字書・韻書・経史子集などの来歴の典確なる者を采《と》り、竝《なら》びに編入を行い、各部各画の後ろに分載し、上に「増」字を加え、以て新旧を別つ。

すなわち『康熙字典』の各部で画数順に掲げられる漢字のうち、「増」という標識で区切られたところより後に配置されているものは、『正字通』にも見えず『康熙字典』において初めて収録された漢字である。

しかしこの「増」以下の部分は、きわめて特殊な「僻字《へきじ》」ばかりである。その具体的な例を図版に掲げた。図18は冒頭にある「一」部一画の部分で、「増」の標識の後に「丄」(上)と「丅」(下)という字がある。これは『説文解字』に見える「上」と「下」の小篆の字形をそのままに楷書に直したものにほかならない。なおこの字形はすぐ後に親字として掲げられる「上」と「下」の箇所にも異体字として登場するので、『康熙字典』では重複して収められ

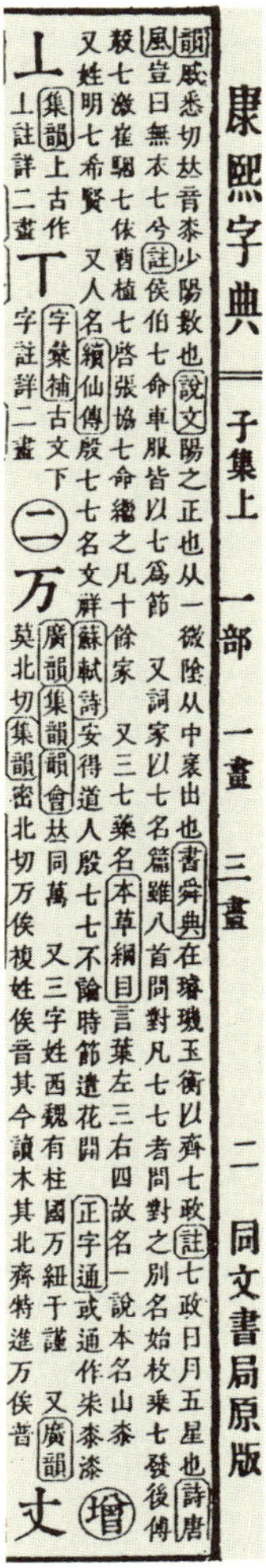
康熙字典 子集上 一部 一畫 三畫 二 同文書局原版
韻戚悉切𠀤音桼少陽數也說文陽之正也从一微陰从中衺出也書舜典在璿璣玉衡以齊七政註七政日月五星也詩唐
風豈曰無衣七兮註侯伯七命車服皆以七爲節 又詞家以七名篇離八首問對凡七七者問對之別名始枚乘七發後傅
毅七激崔駰七依曹植七啓張協七命繼之凡十餘家 又三七藥名本草綱目言葉左三右四故名一說本名山桼
又姓明七希賢 又人名續仙傳殷七七名文祥蘇軾詩安得道人殷七七不論時節遣花開正字通或通作柒桼漆
增
丄 集韻上古作丄註詳二畫
丅 字彙補古文下字註詳二畫
二
万 廣韻集韻韻會𠀤同萬 又三字姓西魏有柱國万紐于謹 又廣韻莫北切集韻密北切万俟複姓俟音其今讀木其北齊特進万俟普
丈

図18 『康熙字典』「一」部一画(部分)

れていることになる。

図19は同じ「一部」で三画の部分に見える「増」標識で、その後には「丑」と「丘」という字がある。これらの文字について、『康熙字典』では一応その文字に関する出典の説明などが加えられてはいる。しかしこのような字形の漢字が現実に使われることは、実際にはほとんどなかったにちがいない。これらはかつて字書の上に一度姿を現しただけで、実際にはすでに死んでしまっている字形なのである。

同じことが『大漢和辞典』や『漢語大字典』についても言える。これらの大字典は、膨大な字数を収める便利な書物として、日本でも中国でも幅広い層によって利用されている。し

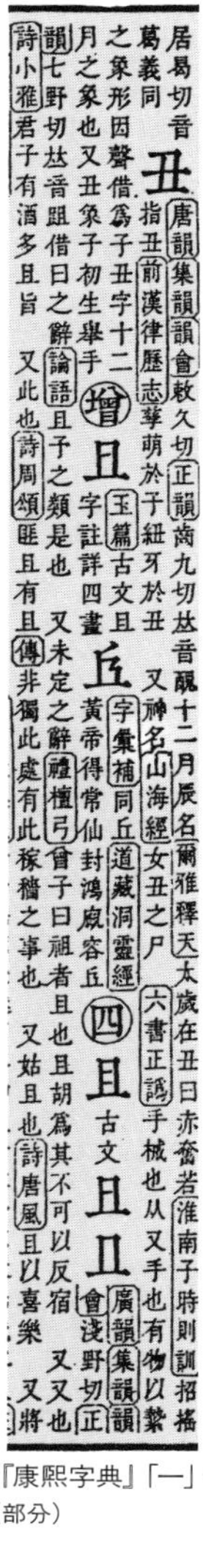
居咼切音丑唐韻集韻韻會敕久切正韻齒九切𠀤音醜十二月辰名爾雅釋天太歲在丑曰赤奮若淮南子時則訓招搖
葛義同 指丑前漢律歷志孳萌於子紐牙於丑 又神名山海經女丑之尸 六書正譌手械也从又手也有物以縶
之象形因聲借爲子丑字十二 増 丑 玉篇古文丑 丘 字彙補同丘道藏洞靈經 四 且 古文且 丒 廣韻集韻韻
月之象也又丑象子初生舉手 字註詳四畫 黃帝得常仙封鴻扇容丘 會淺野切正
韻七野切𠀤音跙借曰之辭論語且予之類是也 又未定之辭禮檀弓曾子曰祖者且也且胡爲其不可以反宿 又又也
詩小雅君子有酒多且旨 又此也詩周頌匪且有且傳非獨此處有此稼穡之事也 又姑且也詩唐風且以喜樂 又將

図19 『康熙字典』「一」部三画（部分）

かし誤解を恐れずにいうならば、実際にこのような辞書（または字書）を使いこなすのは至難の業である。というのは、これらの書物は収録文字数が多すぎ、またそれぞれの字義や熟語の説明が詳しすぎて、専門家以外には必要でない情報が余りにも多く含まれているからである。

もちろん収録語彙が多く、説明が詳しいというのは、字書にとっての望ましい条件の一つである。『説文解字』に始まる中国の字書の歩みは、収録字数を増やし、それぞれの字義の説明を詳しくするという方向で発展してきた。しかし字書がこれまでに存在したすべての漢字を網羅的に収めようとした結果、実際にはまったく使われない漢字が大量に載せられるということになったのである。

それでは本当に必要な漢字とは、いったいどれくらいなのであろうか？　この問いに答えることも、これまた至難の業である。

日常生活に必要な漢字といっても、それはもちろん中国と日本では違うし、時代によっても当然異なる。さらに同じ時代の同じ国でも、文字を使う人間の環境によっても異なるだろう。しかしどんなに多く見積もっても、一万字も必要としないことはおそらく確実である。

『論語』を例として考えてみよう。過去の東洋の知識人にとって必読の書物であった『論語』で使われている漢字は、実はたかだか千五百十二字に過ぎない。この数字は意外なことに、現在の日本での漢字使用の目安として定められた「常用漢字」の総数よりもまだ少ないのである。もちろん時代とともに使われる漢字は増加したが、しかし難しい漢字を頻繁に使い、千五百首近くもの詩を作った杜甫ですら、四千三百九十字しか使っていないのである。(注3)

漢字はいくつあるのか、ということと、いくつ必要なのかということは、まったく別の問題なのである。そしてその二つの間の隔たりは非常に大きい。

今の私たちの目の前には、数万に達する多量の漢字が存在する。しかしそのうちの大多数は、実際にはほとんど必要とされない漢字であった。だから我々がこの膨大な量の漢字を前にして、まず最初に行うべきことは、本当に必要な漢字とそうでないものとを精選することである。

日常的に使用するべき漢字を選ぶ、つまり漢字使用の枠を定める事業は、別段目新しいことではない。中国では唐の時代に、主として科挙の試験の採点のために、漢字の字形が整理された。中でもよく知られているのは顔元孫《がんげんそん》の『干禄字書《かんろくじしょ》』で、これは当時よく使われていた漢字のうちの異体字を、正字体・通用字体・俗字体の三種に分類し、字形の規範化を企図したものである。

ただこの時の規範化においては、過去の正統的な文献に登場する字形であれば、それがめったに使われない漢字であっても許容され、逆に民間で発生し、文献による地位の保証を持たない漢字は、「俗字」として厳しく排斥された。このような儒学社会の枠外に位置する文字に市民権が与えられるようになったのは、中華人民共和国で行われた「文字改革」以降のことである。

今の日本での漢字使用において混乱現象が見受けられるのも、この異体字の問題である。異体字とは、字形は異なるが字音と字義がまったく同じという関係にある文字群で、実例を挙げれば「跡」と「蹟」、「鶏」と「鷄」、「烟」と「煙」などがある。

このような異体字については、できるだけ整理を加え、特別の問題がない限り、一つの字形に統一するのが望ましい。確たる論拠もなく、同一の意味なのに複数の字形を使うのは、いたずらに混乱を助長するだけであるからだ。

しかしこの異体字統合の過程においても、なかなか理論通りにことが運ばないケースもある。その一つは固有名詞の場合であり、カモメがワープロなどでは「鴎」の字形で書かれていても、明治の文豪はやはり「森鷗外」と書くべきだという意見は、今の日本の社会では大きな説得力を持っている。また自分の姓は「宮崎」ではなく「宮嵜」である、あるいは「渡辺」や「渡邊」ではなく、「渡邉」である、という主張に対して、他人はその人が使う字種の変更を強制しにくいであろう。

文字とは言語を表記するための符号体系である。そのことを強調して、より効率のよい表記体系を目指すならば、異体字はどしどし整理すべきである。しかし文字は単にそのような道具としての一面の他に、書き手のアイデンティティ、あるいは個性が強烈に反映されるという性格をもっている。特に東洋の伝統的文化では漢字の個性がきわめて重視され、情報伝達の機能を越えて、芸術性まで追求されることが珍しくない。

伝統的な文化を背景とする漢字は、書き手の個性を縦横に発揮できる文字である。しかし機械による文字表記が日常的になった現代においては、言語表記の効率化のために文字の没個性化が主張される。漢字はまさに今、そのはざまにある。そのジレンマを克服するためには、漢字を使う一人一人が、主体的かつ積極的に、自分が使う漢字の選択に取り組むことしか、解決の途はないだろう。

（注1）『大漢和辞典』は、平成十二（二〇〇〇）年に『補巻』（八百四字増補）が発行され、総収録字数が五万七百六十八字となった。

（注2）『漢語大字典』の総収録字数は書物のどこにも明記されておらず、ここで「約六万」というのは、出版を予告するパンフレットの記載による。なお『大漢和辞典』ではそれぞれの親字に通しナンバーがふられていて、それによっても総収録字数がわかるのだが、『漢語大字典』ではその工夫も施されていないから、総字数を計算するには第八冊にある「筆画検字表」に掲げられる漢字の総数を計算するしか手だてがないようだ。

（注3）いずれも哈佛燕京学社が編纂した索引に基づく。

国字作成のメカニズム

I

数年前まで、初対面の中国人と名刺を交換する時には必ずといっていいほど、貴殿の姓には妙な字があるが、この「辻」というのはいったいどういう意味であるか、まともな漢字なのか、それとも日本で作った記号のようなものなのか、また漢字であるとすれば、中国語ではいったいなんと読めばいいのか、などとあれこれと尋ねられたものだった。筆者がはじめて北京に暮らした頃（一九八〇年）は、まだ日本人がそれほど中国にいなかったものだから、会合などの折りに差し出した名刺にある「辻」でずいぶん議論がはずんだものだ。他の人ならものの一分もあれば自己紹介が済んでしまうのに、筆者の場合は「辻」に関して話に花が咲くので、まず五分は必要だった。

いうまでもなく「辻」は「畑」や「畠」、「榊」、「鴫」などと同じように日本人が作った文字であり、中国にはこれらの漢字がもともと存在しなかった。このような和製漢字を、日本では「国字」と呼ぶ。

中国に存在しない漢字には、もちろん中国語の字音がない。しかし中国では日本人の姓名が中国語で発音される。山田さんはShāntián さんであり、中川さんはZhōngchuān さんである（その逆にMáo Zédōng と発音される毛澤東を日本では「もうたくとう」と呼んでいる）。だから筆者のように国字を姓名にもつ者は、その字に関して本来は存在しない中国語での字音をみずから創作しなければならないことになる。

ただし国字の中国語音をまったく勝手に作っていいというわけではなく、一定の原則らしきものがないわけではない。漢字の大多数は「形声文字」、すなわち意味を表す要素である「意符」と発音を表す要素である「音符」の組み合わせで作られているから、これらの和製漢字も形声文字と同様に考え、字形の右半分（いわゆるツクリの部分）に基づいて字音を作り出すことになる。「辻」ならばシンニュウの上にある《十》によってshí（《十》の中国語音、以下同じ）と、「畠・畑」なら《田》によってtián と、「榊」なら《神》によってshén と発音する、という次第である。

このような国字の中国語音がいつ頃できたのか、またこの形声の原理を逆に利用した読み方をはじめたのが中国人なのか、それとも日本人なのか、少し調べたのだが筆者にはまだわからない。しかし近年に日中間の人的交流がさかんになるにつれて、国字の中国語での読み方がかなり定着したようで、現代中国のもっとも規範的な辞書である『現代漢語詞典』にも「辻」など和製漢字が収録され、右半分を声符として字音を定めている。ちなみに「辻」にはshíと音注が施され、意味の欄には「日本漢字、十字路口、多用于日本姓名」と記されている（一九九六年修訂第三版）。おかげで最近は中国で自己紹介する時にかかる時間がずいぶん短くなった、というのが、国字を姓にもつ者の印象である。

II

中国語での発音を定める際には国字を形声文字と見なすことが多いが、しかし実際の造字では国字は「会意」の方法で作られたものが圧倒的に多い。会意とはいくつかの要素を使って文字を作る時に、それぞれの要素がもつ意味を総合的に組み合わせて、全体としての意味を導き出す方法で、たとえば《人》と《言》を組み合わせて「信」という字を作り、「人間の言葉は誠実である」ということから「まこと」という意味を表すごとき方法である。

実際に会意の方法で作られた国字について、以下にいくつか例をあげる。

《八》（風の省略形）＋《止》で「凪《なぎ》」
《木》＋《神》で、「榊」（神にお供えする木）
《魚》＋《雪》で、「鱈」（雪の季節の魚）
《衣》＋《上》＋《下》で、「裃」（上下そろいの衣）
《人》＋《夢》で、「儚《はかない》」
《身》＋《美》で、「躾」（身体を美しく見せるための教え）

この方法は漢字の意味に習熟している日本人にはたやすく理解できるもので、上にあげなかった例でも、「鴫」「峠」「凩」などは、そのなりたちが即座に理解できるであろう。
大多数の国字はこのように会意で作られている。しかし中には、ごくまれだが形声の方法に準拠して作られた国字もある。同様に例をあげれば、

《金》＋《遣》(読みヤリ)で、「鑓《やり》」
《手》＋《窄》(音サク)で、「搾」
《金》＋《兵》(音ビョウ)で、「鋲」
《月》＋《泉》(音セン)で、「腺」
《魚》＋《康》(音コウ)で、「鱇」
《人》＋《動》(音ドウ)で、「働」

などがその例である。ここでの音符(形声文字で発音を表す要素)は、上の例では「鑓」だけを例外として原則的に音読みが使われるから、これなら中国人にも比較的理解しやすい。実際に「腺」や「働」などは「逆輸出」され、今の中国で使われる漢字ともなっている。

さらにまた、字音を利用するものの外に、たとえば《麻》と《呂》をあわせて「麿《まろ》」としたり、《久》と《米》をあわせて「粂《くめ》」とするように、二つの漢字を合成し、それぞれの日本語での読みをつなげて全体の読みを作り出すというユニークな方法まである。この例はあまり多くないが、中国では鹿の一種を表す「麑《ゲイ》」を上下に分けると《鹿》と《児》になることから、「麑」一字で鹿児島という地名を表す文字として使う（一四二頁参照）のも、「麿」などと同様の発想によるものである。

ところでこのような「国字」は、そもそもいつ、だれが、どのようにして作ったのだろうか。この問題に正確に答えるのは非常に困難なのだが、しかし現在までの出土資料から考えれば、国字はすでに奈良時代から使われていたことがわかっている。和銅三（七一〇）年から延暦三（七八四）年まで都であった平城宮跡から近年大量の木簡が発見されており、その中に「鰯」という字が見える。「鰯」は《魚》と《弱》を組み合わせ、「弱いサカナ、すぐに死ぬサカナ」という意味で、会意の方法で作られた国字である。しかし平城宮の前に都とされていた藤原宮跡から発掘された木簡にもイワシは登場するのだが、そこでのイワシは音仮名（万葉仮名）で「伊委之」と書かれている。そのことから考えれば、もともと漢字では表現できない事物や概念を日本人は万葉仮名で書き表していたのだが、それがある時期から専用の文字を作って表現するようになっていった、と考えられる。その変化の背景には、もちろん正規の漢文の学習が普及し、漢文の形式に準拠した文書の作成が要求されてきたという事実があるのだろう。仮名書きは、たとえそれが漢字を使った万葉仮名方式であったとしても、やはり格式が一段低いものと認識され、それで国字が作られたと考えられる。

III

国字作成の時期は一概にはいえないが、それではいったいどのような概念が、わざわざ国字を作ってまでも表現されたのであろうか。これに関して誰もがすぐに思いつく答えは、中国には存在しない事物である。漢字は表意文字であるから、現実に存在しない事物については文字が作成されない。

今の中国にはイワシの缶詰が輸入されているので、現代の中国人がイワシを知らないわけではない。しかしその魚を今の中国語では「沙丁」と書き、shāding と発音する。すなわち英語の sardine の音訳語であって、イワシを表す専用の漢字はこれまでの中国では一度も作られたことがない。古くから「地大物博」（大地は広く、物産は豊富である）という言葉で形容される中国であるが、こと海産物に関してはいささか貧弱であって、古代の中国人はおそらくイワシという魚を見たことがなかった。中国で古代の文化が栄えたのは黄河流域の内陸部であり、これまでの時代では一生涯海を見ることなしに世を去る人の方が圧倒的に多かった

（それは今でも変わらない）。それに対して、わが国は四方を海に囲まれており、生活物資の多くを海から得てきた。中でも魚類は種類が非常に多く、資源としてもきわめて恵まれた状況にある。日本人が昔から食べてきた魚がすべて日本固有種というわけではもちろんないが、しかし中国大陸の食生活には登場しないものが多く、結果としてその魚を表す中国製の漢字が存在しない。かくして《魚》を偏とした大量の国字が制作された。ちまたでよく話題になる寿司屋の大きな湯飲みに書かれる魚偏の漢字は、その大部分が国字であり、同様の現象が植物についても指摘できる。

中国と日本とでは生活環境や文化の面で共通するものが多くあるが、同時に日本だけにしか存在しないものもあった。日中で共通するものについては、もちろん中国で作られた漢字を輸入して、それで日本語を書き表してきたが、しかし日本固有の事物や概念を表すには、中国製漢字だけではどうしようもなかった。それで、それを補うために、漢字の構成原理に従って新たに作った文字が国字、というわけである。

国字の中でもっとも興味深いのは、中日のどちらにも存在するものでありながら、中国製漢字とは別に国字が作られたというケースであり、それを追えば古代の文字文化の深層がかいま見えてくることがある。

近代の日本では性的なことがらを太陽の下で堂々と語ることは、どちらかといえば慎むべきことがらとされてきた。しかしそんなタブー意識は比較的新しい時代の産物であって、『古事記』などの日本の古典には、性に関する直接的な表現がふんだんに使われている。

仏教説話集『日本霊異記《にほんりょういき》』の下巻第十八に、「法花経《ほけきょう》を写し奉る経師《きょうじ》、邪淫《じゃいん》を為して、現《たちどころ》に悪死を得る縁《えにし》」という話がある。

河内《かわち》の国にいたある「経師」が依頼を受けて、ある寺で『法華経』を写していた。その寺には女性の参詣人も多く、女性たちは供養として経師の硯に浄水を寄進していたのだが、ある時空がにわかにかき曇って大雨となった。たまたま参詣にきていた女性が、経師が写経をしていたお堂で雨宿りをしたが、なにぶん狭いお堂のことである。よからぬ気持ちを起こした経師は、突如「嬢《をみな》の背に踞《うづく》まり」、けしからぬ振る舞いに及ぶ。しかし経師が目的を達したところで、ふたりは手をつないだまま息たえた。げに仏罰とは恐ろしいもので、この話が伝えたいのは「愛欲の火、身心を燋《や》くと雖も、淫《たわ》れの心に由りて、穢《きたな》き行《わざ》を為さざれ」という教えである。

話自体は仏教説話によく見られる類型のものだが、さてこの「けしからぬ振る舞い」に関する具体的な描写の部分は、『霊異記』に「閇《まら》の閊《つび》に入るに随《したが》ひて、手を携えて倶《とも》に死ぬ」と描写されている。

ここに「閇」と「閊」という漢字が見えるが、それぞれ文脈からあきらかなように、男と女の性器を意味する文字である。この二字は決してこれだけが用例ではなく、『霊異記』以外に『古今著聞集《ここんちょもんじゅう》』などにも用例が検出されるが、さてこれはいったいどういう構造の漢字なのだろうか。

男のモノを意味する「閇」は中国の字書にも登場する漢字だが、中国では「閉」の異体字とされている。これがなぜ男性性器を意味する文字となったのか、《牛》はツノとの連想かと思われるが、どうもいまひとつよくわからない。しかしもうひとつの「閊」は、明快な構造分析が可能である。

「閊」は見ての通り《門》と《也》とからできている。この《門》は理解が簡単で、古代の漢語で女性性器を意味するもっとも「雅び」な表現は、「玉門」であった。この語は中国でも日本でも多くの文献に登場するから、この字に《門》という要素が使われているのは「玉門」からの連想であると考えておそらくまちがいないだろう。問題は《也》である。

「也」という漢字はもともと女性性器を意味する、そのものズバリの漢字であった。西暦一〇〇年に作られた中国最古の字書『説文解字』は、漢字研究の古典として今も多大の学術価値をもつ名著であるが、その『説文解字』に「也は女陰《じょいん》なり、象形」と記されている。つまり「也」とは女性器の象形文字だと解釈されているのである。

『説文解字』は文字の国・中国で、漢字研究に関するもっとも神聖な古典である。その権威的な書物の中に、「君子が口にすべからざる」モノが登場するのが歴代の儒者にははなはだ不愉快だったようだ。これはでたらめだとか、あるいはこの部分は後世の浅薄な人間が書き加えたものだとか、この字の解釈について『説文解字』はいろいろと酷評される。しかし『説文解字』研究でもっとも権威のある段玉裁の注釈は、「この説には必ず拠り所があり、むやみに疑うのは無学の者である」とのコメントをつけている。

さて「閪」であるが、この字の要素として《也》がついているのは上述の理由による。ところがこの字は中国の字書には見えず、日本人が作った国字のひとつなのである。

ここで表されるべき「事物」は、女性性器である。この「事物」が存在することについては、もちろん日中共通であるどころか、世界共通である。しかしこれは伝統的な文化の中ではきわめて文字化されにくいジャンルに属す。今もしその「事物」をどうしても文書に記録する必要があったとしよう。英語や仮名書きの日本語のように表音文字を使うのなら、口で発せられる音声の通りに文字をつづれば、その「事物」を文字で表記できる。しかし漢字は表意文字であり、原則としてある特定の単語を表すために一つの漢字が作られている。事実「也」という字は、最初は女性性器という意味を表すために作られた。しかしそれがいくつかの理由によって他の意味に使われるのが普通になった結果、本来の意味で「也」を使うことがなくなった。かくして女性性器を表す漢字が、文化の正面からは姿を潜めることとなった。

『日本霊異記』の編者は、仏罰の恐ろしさを伝えんとして、参詣にきた女性をレイプして天罰を受けた不埒な経師の話を書いた。その時、彼はどうしてもその「事物」を文字化しなければならなかった。しかしその「事物」を表現できるしかるべき中国製の漢字を彼は知らなかった。そこで彼が作った文字が「閪」だった。

とすれば、この字を作った日本人は、『説文解字』における「也」の解釈を知っていたことになる。『説文解字』は中国でも専門学者以外はほとんど読めない高度な書物である。だからこの書物の内容を知り、しかもあらたに漢字を作る時にその知識を応用できるのは、中国における漢字文化の神髄を理解していた人間にして初めて可能なことであった。昔の日本人は、本当によく漢字を知っていたのである。

なおこの漢字は諸橋『大漢和辞典』にも、中国から出版された約六万字を収める『漢語大字典』にも、さらに「当今世界収漢字最多的字典」を標榜する『中華字海』（八万字所収、一九九四年中華書局）にも収録されていない。

異体字のはなし

❖戸籍の俗字

先年まで第二十二期国語審議会の委員として、「表外漢字字体表」の作成に関わっていた。その表については国語審議会答申直後に新聞に詳しく報道されたし、また『しにか』でも今年（二〇〇一年）の二月号で詳しく紹介されているので、ここでは詳細を省略するが、その表を作成する作業の中で、委員会では日本政府が漢字について定めている様々な規格を参照する機会が何度もあった。

これまで中国の文献に見える漢字を中心に研究してきた私は、現在の日本の、それも行政による漢字規格についてはほとんど無知であったたし、お役所特有の文章で書かれた規格の読みにくさには閉口したが、それでもいろんな規格を見ているうちに、日本では漢字について実にさまざまなことまで決められていたのだなぁ、と感心したものだった。

中でも興味深く感じたのは、平成二年十月二十日法務省民事局長通達「氏又は名の記載に用いる文字の取扱いに関する通達等の整理について」という長ったらしい名前のものについている「別表1」である。この「通達」は簡単にいうと、常用漢字と人名用漢字に入っていないが、戸籍では使用が認められている字体の一覧表であって、附載される二つの「別表」にそれぞれの具体的な字体があげられている。うちの「別表1」は「氏または名の記載に用いることのできる俗字表」と題されていて、そこに以下の十五字があげられている。

鈎（鉤）	舘（館）	槗（橋）
桒（桑）	髙（高）	嵜（崎）
﨑（崎）	曻（昇）	舩（船）
兎（兔）	渕（淵）	栁（柳）
寳（寶）	濵（濱）	邉（邊）

さらに後に注があって、「括弧内のものは、つながりを示すために添えた康熙字典体の漢字である」と記されている。この表の意味を要約すると、それぞれのペアにおいて上にある

漢字は括弧内にある康熙字典体の俗字だが、戸籍に氏名を記載する際には使用が認められる、ということである。

❖名前にこだわる日本人

私の知人に「たかはし」さんがいるが、その人の姓は「髙槗」と書くことになっていて、「高橋」と書かれると不愉快に感じるという。本人が語るところでは、先祖代々「髙槗」と書かれてきたから、自分の代で勝手に表記を変えることなど考えられない、というのである。ともあれ彼の姓は、上の通達によって今後も守られることになる。

ただ上の表に見える字体は、それぞれのペアが完全に互換であると保証されているわけではない。これには条件があって、戸籍の表記を俗字から康熙字典体にすることはさしつかえないが、逆に康熙字典体の方から俗字に移行することは認められないと定められている。つまりこの通達が出た平成二年の時点で戸籍に「桒田」さんと書かれていた人は、これからの戸籍でも「桒田」と書けるし、もし希望すれば「桑田」と書いてもかまわない。しかし現在「桑田」さんである人が戸籍の表記を「桒田」にはできない、というわけだ。

なぜこんなことが規定されたのか調べると、平成二年に戸籍が電算処理されるようになったかららしい。それまで係官の手書き文字で処理されてきた戸籍では、どのような漢字だって、よしんばそれが誤字であっても、自由自在に書けた。しかしコンピュータを使うとそうはいかない。それで戸籍を管轄する行政官庁が、コンピュータにおいて処理すべき俗字の範囲を表で決めた、というわけだ。

❖通用字体と異体字

周知のように、日本人には姓名を書き表す漢字の字体にこだわる人が非常に多い。「富」に対する「冨」、「島」に対する「嶋」、「梅」と「楳」、「秋」に対する「穐」など、常用漢字に入っている漢字なのに、常用漢字の字体ではない書き方で書かれる字を姓名に使っている人が、誰の身の回りにもきっと何人かはいることだろう。

漢字にはこのように、発音も意味もまったく同じでありながら、文字の形が違うというグループがしばしばある。人名ではあまり使われないが「略」と「畧」、「跡」と「蹟」なども その例で、これらは一般の文章で目にすることがよくある。

このような同音同義で異字形の漢字群のうち、人々がもっともよく使い、社会的に標準的な字形と認知され定着している字形を通用字体とし、それと異なった字形のものを「異体字」、または「別体字」「或《わく》体字」などと呼ぶ。

ただ何をもって通用字体と異体字をわけるか、その分類はあくまでも社会の中でどれくらい使われているかという、頻度を基準にした判断に基づくだけで、学問的に明確な基準は存在しないといってよい。また標準的な字形に関する認識が、時代によって異なることもある。たとえば「野」と「埜」は同音同義であり、両者は異体字の関係にあるが、伝統的な漢字研究でもっとも正統的な規範を示す『説文解字』(後漢・許慎撰)では、「埜」が親字として建てられ、解説を加えられている。しかし現実の社会では、「野」の方がよく使われた。そこで一般には「野」を通用字形と考え、「埜」を異体字とする。実際に日本でも中国でも、特殊な文献を除いて「埜」は人名以外にはほとんど使われない漢字となっている。

❖異体字の歴史

異体字の歴史は非常に古く、殷代の「甲骨文字」からすでに存在するが、とくに漢代あたりから文字の使用人口が増え、多くの人が日常的に漢字を書くようになると、より簡単に文字を書こうとして、便宜的に字形をくずす傾向が強まった。また書写材料の多様化もそれに拍車をかけた。

ある者は石や岩肌に楷書で文字を刻んで石碑を作る。またある者は先端が柔らかい筆で、表面がなめらかな紙に行書や草書で文字を書く。このような文字記録環境で、同じ形の文字が書かれる方がむしろ不思議であった。文字文化の多様化とともに、必然的に多くの異体字が生まれることとなった。

現実に、南北朝時代に書かれた文字には実に多くの異体字があることは、今も洛陽に残る龍門《りゅうもん》石窟の「造像記」（仏像建立の由来を岩肌に刻んだ文章）や、王羲之《おうぎし》をはじめとする書家の作品に示されている通りである。

南北朝時代の文字に現れた混乱状況については、当時の文献に具体的な記述がある。

名家の出身で、学者としても名声の高い顔之推《がんしすい》（五三一～五九一？年）が、文化人として生きる心構えや教養などについて子孫のために書き残した『顔氏家訓《がんしかくん》』に「書証篇」という篇がある。これはそれに続く「音辞篇」とともに、南北朝時代の文字・文献・言語に関する学問的状況が非常に具体的に活写されている部分として、古くから重要な資料とされているが、その「書証篇」で顔氏は、漢字の書き方は時代によってそれぞれ変化するものであって、その結果、もともとは誤字でありながら、今の社会で実際に通用している文字として、合計十五の例を挙げる。

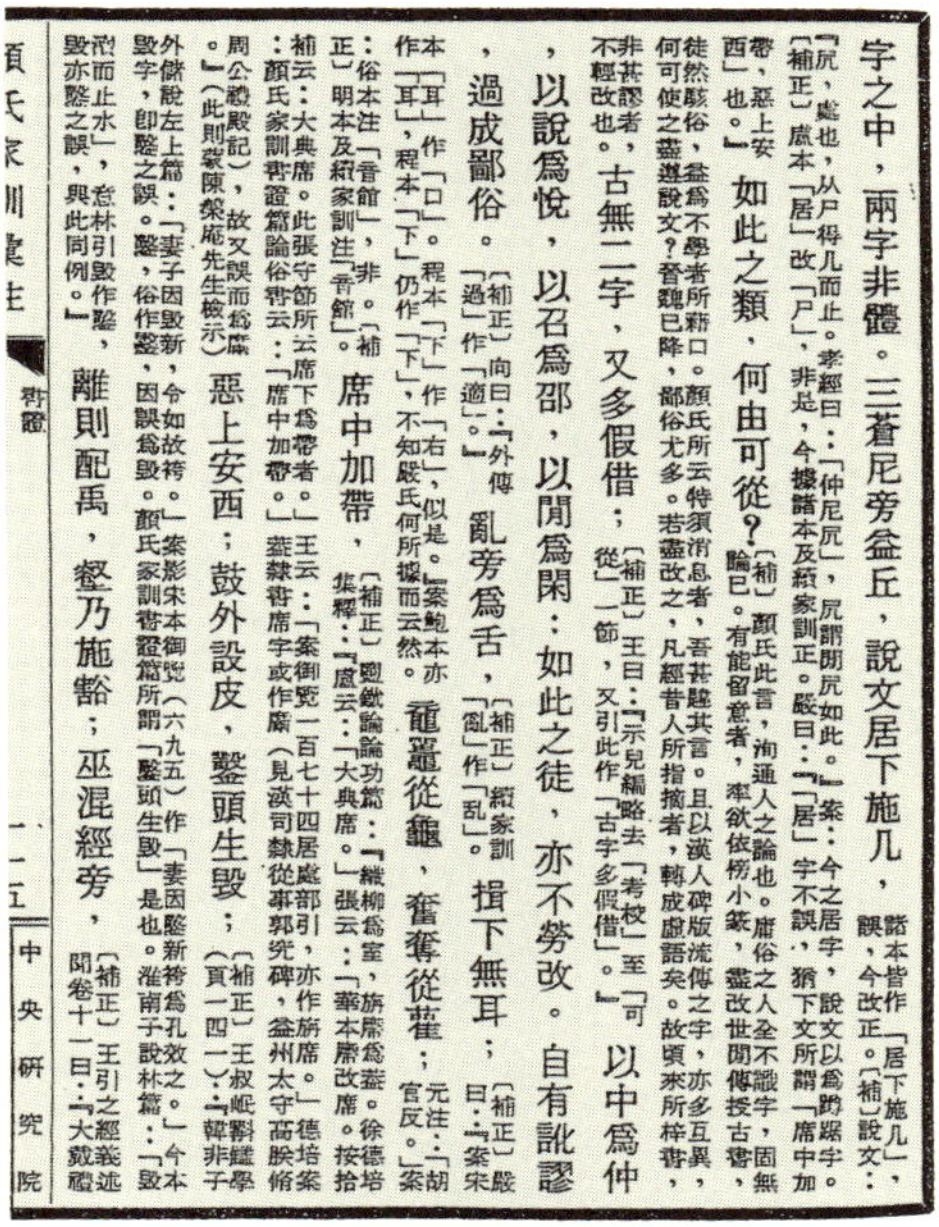
字之中，兩字非體。三蒼尼旁益丘，說文居下施几，諸本皆作「居下施几」，誤，今改正。〔補〕說文：「尻，處也，从尸得几而止。孝經曰：『仲尼尻』，尻謂閒尻如此。」案：今之居字，說文以為蹲踞字。〔補正〕盧本「居」改「尸」，非是，今據諸本及紀家訓正。嚴曰：「『居』字不誤，猶下文所謂『席中加帶，惡上安西』也。」 如此之類，何由可從？〔補〕顏氏此言，洵通人之論也。庸俗之人全不識字，固無論已。有能留意者，率欲依傍小篆，盡改世間傳授古書，徒然駭俗，益為不學者所藉口。顏氏所云特須消息者，吾甚韙其言。且以漢人碑版流傳之字，亦多互異，何可使之盡遵說文？晉魏已降，鄙俗尤多。若盡改之，凡經昔人所指摘者，轉成虛語矣。故頃來所梓書，非甚謬者，不輕改也。 古無二字，又多假借；〔補正〕王曰：「示兒編略去『考校』至『可從』一節，又引此作『古字多假借』。」 以中為仲，以說為悅，以召為邵，以閒為閑：如此之徒，亦不勞改。自有訛謬，過成鄙俗。〔補正〕向曰：「外傳『過』作『適』。」 亂旁為舌，〔補正〕紀家訓『亂』作『乱』。 揖下無耳；〔補正〕嚴曰：「案宋本『耳』作『口』。程本『下』作『右』，似是。」案鮑本亦作「耳」，程本「下」仍作「下」，不知嚴氏何所據而云然。 黿鼉從龜，奮奪從雚；元注：「胡官反。」案：俗本注「音館」，非。〔補正〕明本及紀家訓注「音館」。〔補正〕 席中加帶，〔補正〕鹽鐵論論功篇：「織柳為室，旃席為蓋。」徐德培集釋：「盧云：『大典席。』張云：『華本席改席。』按拾補云：大典席。此張守節所云席下為帶者。」王云：「案御覽一百七十四居處部引，亦作旃席。」德培案：顏氏家訓書證篇論俗書云：「席中加帶。」」蓋隸書席字或作席（見漢司隸從事郭究碑，益州太守高朕脩周公禮殿記），故又誤而為席。（此則蒙陳槃庵先生檢示） 惡上安西；鼓外設皮，鑿頭生毀；〔補正〕王叔岷斠讎學（頁一四一）：「韓非子外儲說左上篇：『妻子因毀新，令如故袴。』案影宋本御覽（六九五）作『妻因鑿新袴為孔效之。』今本毀字，即鑿之誤。鑿，俗作鑿，因誤為毀。顏氏家訓書證篇所謂『鑿頭生毀』是也。淮南子說林篇：『毀而止水』，意林引毀作鑿，毀亦鑿之誤，與此同例。」 離則配禹，壑乃施豁；巫混經旁，〔補正〕王引之經義述聞卷十一曰：「大戴禮

顏氏家訓彙注　書證　一一五　中央研究院

図 20 『顔氏家訓』「書証篇」

といってもそのものズバリの異体字を示すのではなく、「亂旁為舌」とか「席中加帯」、「悪上安西」というような表現で書かれており、最初の「亂旁為舌」（亂の旁を舌と為す）とは、「亂」のヘンの部分を《舌》と書くということである。つまり「乱」という字形のことで、戦後生まれの

世代になじまれている「乱」が、実は六世紀の中国ですでに使われていた、ということがこれでわかる。

同様に「席中加帯」とは、「席」という字の内部を《帯》と書くこと、また「悪上安西」とは「悪の上は安くんぞ西ならんや」と読み、「悪」の上部にある《亞》がその時代にすでに《西》と書かれていた、すなわち「悪」と書かれていたことを批判しているのである。その他にもこの部分の記述によって、当時の字形では「鼓」のツクリにある《支》が《皮》となっていたり、「靈」の下の部分が《器》になっていたことなどがわかる。そしてこれらの字体は誤りだから、「治さざるべからず」と顔氏はいう。

❖異体字の淘汰

顔之推の記述によって、南北朝末期には漢字の字形と使い方が相当に混乱していたことがわかる。そして唐になっても、このような文字の混乱状況がほぼそのまま引き継がれた。しかし高級官僚採用試験としての「科挙」をおこない、それを採点して受験者の優劣をつけるためには、このような異体字が大量に使われるのは混乱を招くばかりである。そこで多くの異体字の中から由緒正しい文字とそうでない通俗的な文字とを区別する必要がしだいに痛感されてきた。こうして唐代の中期には、既存の楷書の異体字を整理し、由緒の正しい文字とそうでない文字とを区別しようとする傾向が顕著になってきた。唐代では顔元孫《がんげんそん》が作った『干禄字書《かんろくじしょ》』が規範とされた。この書物は日本にも早くに輸入され、日本の漢字文化にも大きな影響を与えた。清代に『康熙字典』が作られると、漢字の規範はすべてそれに求められた。

異体字は現在の日本にもまだ多く存在する。冒頭に書いたように、人名や地名に使われる異体字は個人のアイデンティティにかかわる部分もあってそう簡単に整理はできないが、そうではない異体字は、できるだけ早く淘汰する必要があるだろう。異体字がむやみに増えることは、社会での文字使用に大きな混乱を与えるからだ。まして今後コンピュータによる漢字処理がどんどん進む状況を考えれば、異体字の淘汰を積極的に推進する必要があるだろう。といっても、いまさら『康熙字典』に従って、という風にはいかない。新しい時代に応じた漢字の規範の策定が今こそ必要である。

「表外漢字字体表」作成までの字体に関する諸問題

❖ヘビ年の年賀状

ヘビ年だから、今年（二〇〇一年）の年賀状にはヘビを表す文字やイラストがたくさん登場した。

世の中にはヘビ好きな人もいて、いつだったか、都心のマンションで飼われていた体長数メートルもある大きなヘビが逃げ出し、ベランダから下の家に忍びこんでおばあさんに巻きついた、という事件があった。他人に迷惑をかけない限りペットを飼うのは個人の勝手だが、それにしてもこれはとんでもない事件だった。

そんな大きなヘビを飼っているのは、きっと相当なヘビマニアなのだろうが、私はヘビが嫌いで、見るだけで青ざめる方である。もっともヘビが嫌いなのは私だけではなく、身の回りにもたくさんいる。世間全般で考えれば、ヘビが嫌いだという人の方が、ヘビ好きよりもきっと多いことだろう。

その証拠に、いかにヘビ年とはいえ、ヘビを撮影したリアルな写真や、非常に写実的に描かれたヘビの絵を図案とした年賀状をほとんど見かけなかった。これがイヌやトリの年ならば、自分が飼っているペットの写真を取りこんだり、あるいはリアルなタッチで動物のイラストを描いた年賀状がかなり多い。しかし正月早々むきだしのヘビの絵を突きつけられるのは、誰だってやはりかなわないのだろう、ヘビ年の賀状では主役の動物が生々しく画面に出ることはなく、ほとんどが非常にかわいらしいイラストにされている。かわいいヘビのイラストを書いた年賀状なら、我が家にもいっぱい届いた。

❖「巳」と「蛇」

そしてイラストでもヘビはやはりかなわないとでも考えたのか、今年の賀状には「巳」という字を大書したり、あるいはその漢字を図案化したものもかなりあった。

ヘビは漢字ではふつう「蛇」と書かれるが、年賀状では圧倒的に「巳」という字が使われる。「巳」という漢字自身、もともと頭の大きなヘビをかたどった象形文字だから、これをヘビという意味で使うことには何の問題もない。それになによりも十二支でヘビにあたる漢字は「巳」なのだから、年賀状ではもちろん「蛇」ではなく、「巳」を使うべきである。

しかし「巳」を漢和辞典で引いてみると、「十二支の第六位を示す文字で、動物ではヘビ、五行では火を表す…」というような説明が載っているだけで、熟語欄はだいたい空白になっている。これが「蛇」ならば、親字で字義を説明したあとに続けて「蛇足」とか「蛇行」とか「蛇の目」というような語彙が熟語欄に並ぶのだが、「巳」ではそうはならない。漢和辞典での熟語欄が空白であるということは、日常生活でその漢字を使うことがほとんどない、ということにほかならない。

しかしこの漢字は、「表外漢字字体表」（以下「字体表」と呼ぶ）を作成した第二十二期国語審議会（実際にはその第二委員会）が、表外字に関する基礎データを抽出するためのもっとも基本的な資料として使用した『漢字出現頻度数調査(2)』（平成十二年文化庁）では、第二五六八位に登場する。この資料がどういう性格のものであるかは他の論考に譲るとして、この二五六八位というのは、なかなか「上位」なのである。

表外漢字はいったいいくつあるのか、その数はもともと確定されていない。常用漢字は合計千九百四十五字という閉じた枠内にあるが、表外字となると、一説には五万とも、六万ともいわれるほどに存在する。そんな膨大な数の漢字すべてについて印刷標準字体を定めることなどもちろん不可能だから、作業の最初の段階として、検討を加える対象漢字をあらかじめ頻度数によって選定した。委員会の内部ではこのプロセスを「土俵の確定」などと呼んでいたが、その時にもっとも中心的な資料として使ったのがこの『漢字出現頻度数調査(2)』であり、ここでの頻度順位で第三二〇一位までに入っている表外字を、ひとまずは検討対象漢字の大枠とした（実際にはさらに詳細なデータの検討が加えられて「土俵」が確定された。詳細については「字体表」を見られたい）。

頻度数で第三二〇一位、というのが表外字検討対象に入るかどうかのボーダーラインだった。だから二五六八位に位置する「巳」は、数字から考えれば検討対象に入る資格が十分ある、なかなか上位の文字である。ちなみに「蛇」はもっと上で、第一七〇四位にある。おぞましいことに、ヘビは印刷物にもよく登場するようだ。

ただ「巳」はもともと「人名用漢字別表」に入っているので、標準字体がすでに定められていて、そのため今回の「字体表」では最初から検討対象外の文字であった。そして漢和辞典にはその字を使った熟語がまったく掲出されていないにもかかわらず、印刷物で使用されれる頻度がこれほどに高いというのは、この漢字が固有名詞に相当たくさん使われているということにほかならない。

要するに「巳」は、今の日本では個人の名前以外には滅多に使われない漢字であり、それが人名以外に使われるのは、十二年に一度めぐりくるヘビ年の年賀状くらいだ、ということになる。

❖巳・己・已の区別

あまり使われない文字だからなのだろうか、この字を書き間違えて「平成己年」とか、「已年元旦」とかの「誤字」を書いた年賀状が我が家には数枚届いた。うちの一枚は、なんとパソコンで作られたと思われる年賀状だった。パソコンを使えば字を書き間違えないというのは、文字を正しく選択した場合に限られる、という事実をこの正月に私はあらためて認識した。

言うまでもなく、ヘビを意味する「巳」は三画目の縦線が一画目の横線と左上でぴったりとついていなければならない。これが「已」のようにほんの少し離れると別の字になり、

「己」のようにもっと大きく離れると、さらにまた別の漢字になってしまう。昔の中国人って、どうしてこんなにややこしい漢字の作り方をしたんだ、とある学生が恨みがましい発言をしているのを聞いたことがある。

「巳」と形が非常によく似た「己」や「已」との差異は、いずれの字でも三画目となる縦線が、横線とくっついているか離れているか、あるいはその中間あたりから書きはじめられるか、という点だけである。思えばそれはきわめて微細な差異であり、非常に小さな文字で印刷されれば、識別するのも困難なほどである。しかし差異がどれほどに微細であっても、だからといって無視していいという性格のものではない。「大」と「太」と「犬」の字形上の差異はチョン（点）の有無や、それが配置される位置だけであって、微細といえば微細な差異ではある。しかしだからといって、その三字の区別をなくしてしまえと主張する人はいない。同様に「巳」と「己」と「已」も別個の字種なのだから、筆画上の差異に基づいて他から区別されなければならないのは当然である。

❖「巳は上に……」

日本の漢字教育では、特に教育内容が高度になればなるほど、この三字を厳密に区別するよう指導してきた。読者はとっくにご承知であろうが、この区別について昔から、

巳《み》は上に　已《すでにやむのみ》中ほどに　己《おのれつちのと》下につくなり

という短歌のリズムで唱える口訣《こうけつ》が広くおこなわれてきた。この覚え方を私自身はなぜか学校で習った覚えがないのだが、しかしここでは三字の字形上の差異のみならず、それぞれの字音や字訓（つまり意味）までたくみに読まれていて、まことによくできたものだとつくづく感心したくなる。

江戸時代の寺子屋ではこのような口訣を初学者に授けたのであろう。かつての学問の指導層にあった人々、すなわち伝統的文化において漢字や漢学の伝授にあたった儒学者にとっては、漢字とは古代の聖賢の教えを伝える経典に使われている、きわめて神聖な文字であった。だから漢字の修得は聖賢の思想と精神を会得するための根本的な手段であって、ひいて

はあらゆる学問の根幹となるものであった。漢字の学習をおろそかにすることは絶対に許されず、それが一点一画に関する非常に微細な差異であっても、そのまま厳密に保たれたまま伝えられてきた。少なくともそれが、かつての日本での漢字研究のもっとも正統的な立場だった。かくして「巳」「已」「己」の三文字は厳密に区別されてきた。

❖漢字の使用実態――『論語』に見えるケース

しかし儒学の本場であった過去の中国では、皮肉なことに「巳」「已」「己」三文字が必ずしも厳密に区別されてきたわけではなく、それどころか時代によってはほとんど書き分けようとする意識すら感じられないこともあった。

もちろん中国でも、字書では三文字が正しく書き分けられ、また字音や字義についても正確に記述されている。しかし字書以外の一般の書物の場合では、その使い分けがはなはだ曖昧であった。通俗的な書物はもちろんのこと、儒学の根幹にかかわる書物においても、その区別はそれほど厳密ではなかった。その一例を『論語』の中からあげてみよう。

『論語』の冒頭、「学而第一《がくじ》」の最後に、

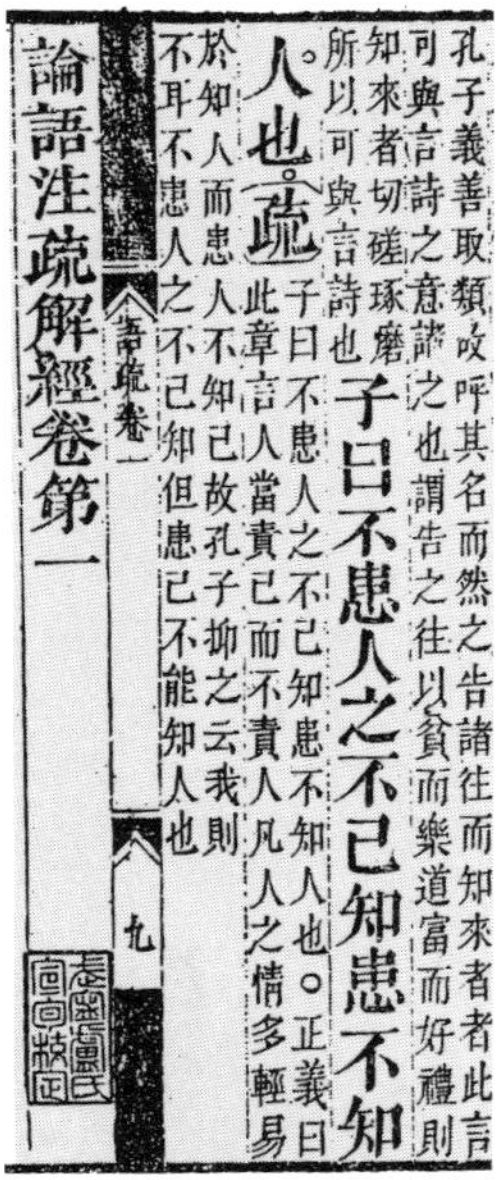
孔子義善取類故呼其名而然之告諸往而知來者者此言
可與言詩之意詳之也謂告之往以貧而樂道富而好禮則
知來者切磋琢磨
所以可與言詩也 子曰不患人之不己知患不知
人也。疏 子曰不患人之不己知患不知人也○正義曰
此章言人當責己而不責人凡人之情多輕易
於知人而患人不知己故孔子抑之云我則
不耳不患人之不己知但患己不能知人也
論語疏卷一 九
論語注疏解經卷第一

図21　阮元本十三経注疏『論語』（部分）

子曰、不患人之不己知、
患不知人也。

という文章がある。この部分は日本や中国で刊行されている活字本では右のように印刷されており、ふつう「子曰く、人の己れを知らざるを患《うれ》えず、人を知らざるを患《うれ》うるなり」と読まれている。

その読みは妥当であると私も考える。しかし私の手元にある『論語』の中には、文中の「己」を「已」に作ったり、あるいは「巳」に作るものがある。

まず最初に示す図版では、この文字が「已」に作られている。この『論語』は清朝の刊本であるが、「坊刻の俗本」（民間で刊行されたいい加減な書物）ではない。これは清朝考証学が黄金時代を迎えた乾隆《けんりゅう》・嘉慶《かけい》年間に多くの学者を集めて書物の編纂事業を統括し、また自らも優れた考証論文を多く著した阮元《げんげん》（一七六四〜一八四九年）が、宋以後の各種テキストを校合した結果をまとめた校勘記を附して刊行した『重刊宋本論語注疏附校勘記』（嘉慶二十年江西南昌府学開彫）の一節である（もちろん私の手元にあるのは、その影印本であるが）。すなわちここに掲げた『論語』は、世にいう「阮元本《げんげんぽん》十三経注疏」に収められるものであり、私たちの世代の中国古典研究者にとってはもっとも身近にあって、かつオーソドックスなテキストである。

もう一つの『論語』は中華民国時代に望みうる最古の善本を網羅することを主眼にして編纂された「四部叢刊《しぶそうかん》」（商務印書館）に収められるもので、もとは足利時代の刊本であるという。こちらの方では問題の字が見ての通り「巳」に作られている。

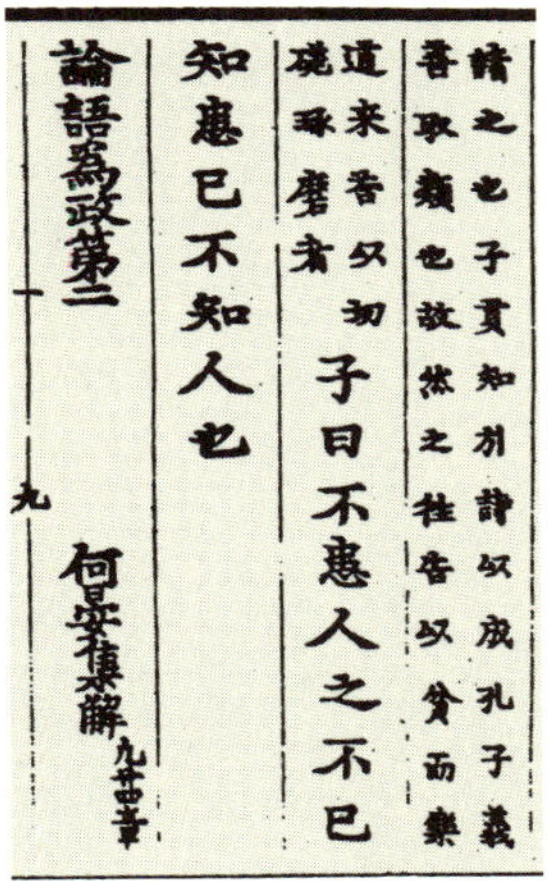
諸之也子貢知引詩以成孔子義
善取類也故然之往告以貧而樂
道来者以切磋琢磨者
子曰不患人之不巳
知患巳不知人也
論語爲政第二　何晏集解　凡二十四章
一　九

図 22　四部叢刊本『論語』（部分）

ここに示した『論語』では、「己」でなくて「已」や「巳」の字が使われている。しかしそうだからといって、この文章を「已」（「やむ」または「すでに」の意）、あるいは干支字である「巳」で解釈しようとする研究者は一人もいない。また清朝考証学を代表する学者の一人であった阮元が「己」を「已」としていることの非をとがめ、「己」に訂正するようと要求する意見もまったく出てこない。

それはいったいなぜか。それは「巳」や「已」と印刷されてはいても、しかしその文字を文脈の中で理解すれば、だれが読んでも「己」の意味でしかありえないからである。

❖字体よりも文脈

明清時代の木版本では、「巳」・「已」・「己」の三字が混用されることが珍しくない。それはむしろ、正しく使い分けられる方が少ないと言っても過言ではない。漢字の本家である中国で、しかも儒学の中核に位置する文献においてでさえこのような状態であることは、日本人にはまことに意外に感じられる。しかし本来はそれが、社会で漢字が使われる真の実態なのであった。

最初にあげた年賀状を例とすれば、もしある人がヘビ年の正月に「己年元旦」と書かれた年賀状を受け取っても、それが「巳年元旦」の意味であると簡単に理解できるだろう。年賀状だけでなく、通常の文章の中ででも「自己の責任」と書かれるところが「自巳の責任」とか「自已の責任」とか書かれていたとしても、その文を読む者は文脈を判断して、それが

「自己」の誤りであることを容易に理解できる。

問題は、今の日本ではそれが明確に「誤字」であるとされるのに対して、かつての中国ではそれを誤字とは考えず、臨機応変に読み替えて理解されたことにある。理解に支障がないのなら、「己」と「已」のような微細な差異にはあまり目くじらをたてない、というのがかつての一般的な中国人社会での文字に対する認識だった。

❖国語審議会の立場

これまで国語審議会は表外字の字体問題を扱う際に、各漢字を文字学的に研究するのではなく、漢字の使用実態を重視しようとする立場を一貫してとってきた。だから今回の「字体表」を作成するにあたっても、各字に関して文字学的にもっとも正しい字体を採用するという方向ではなく、それぞれの漢字が明治以後現在にいたるまで、具体的にどのように書かれ、また印刷されてきたかを見きわめ、その結果を尊重して重要な判断材料とした。明治以後の印刷資料は我が国の貴重な文化遺産であり、よしんばそこに文字学的には正しくない字体が含まれていたとしても、それだけの理由でその字体を単純に排斥することはしなかった。

日本でも中国でも、漢字を使って文章を書こうとするすべての人が文字や言語の専門家であるわけではもちろんない。文字や言語の専門家ならば、微細な差異にまで注意を払って漢字を書き、字書に記載されている通りの字体で文章を印刷することもそれほど困難ではないだろう。しかし一般社会に通行しているふつうの文章に使われている文字が、すべて字書に規定されている通りの正しい字体で表記されているわけではない。それが現実であり、その現実の重みを無視することは、社会によけいな混乱をもたらすだけである。

❖呑むは天の口か

昨年の暮れに、長野県にお住まいの島田《しまだ》牙城《がじょう》さんという俳人から、雑誌『俳句』（角川書店）一月号が送られてきた。俳句界では有名な雑誌で、この号には私でも名前を存じあげている高名な俳人による「二十一世紀の俳句」という特別座談会が掲載されるなど、新年号らしく特別の装いが凝らされているようだ。

しかし俳句の世界とはまったく縁のない私にいったいなぜこのような雑誌を送ってくださ

ったのか、といぶかりながら同封されていた手紙を読むと、島田氏が同誌に寄稿された文章の中に、私が以前に出した小著を参考にして書かれた部分があるとの由で、それで雑誌を頂戴したことがわかった。まことにありがたい話である。どなたかの文章を参考にしただけで原著者に雑誌を届けていれば、私など小遣いのあらかたが雑誌の買い上げに消えてしまうことだろう。非常に律儀な島田氏に感謝しながら、ともかく島田氏がくださった文章を読んでみた。

「こだわれば俳句」と題する島田氏の文章は、俳句に関するよりむしろ、俳句に使われる漢字や仮名遣いに関する議論であった。島田氏は実作家として、それぞれの作品に詠じられた感動や興趣を追求するだけではなく、俳句が表現される外面的な姿、すなわち俳句での文字遣いや仮名遣いにも深く意識を働かせようとする。

そんな氏は、戦後の当用漢字から常用漢字の流れを不愉快に感じておられるようだ。特に当用漢字で使える漢字を制限し、さらに従来の字体を大きくあらためた結果、「醫を医、鹽を塩などと書かせるようになって、漢字を普及させることに少しは貢献したのだろうが、ことばをのみ唯一の武器として自己実現をはかる一人の漢字文化人として、私は空しさを隠したくない」と述べている。

だからこそ氏はこのたびの「字体表」が康熙字典体を基準としたことに歓迎の意を表されるのだが、しかしそれでも全面的な賛同ではなかった。氏はいう、

「表外漢字だけに適用されるデザイン差」という表では、九種類の書き方の違いをデザインの差だから許容するとして、五十五の字体が例に挙げられている。まあ許すとするか、というのも多いのだが、やっぱり許せん、というのも含まれていて、困った。中でも「呑」と「疼」が許容されたことは辛い。ここでも「呑」と「疼」に死の宣告がなされたことになる。

氏が例としてあげる「呑」は、「字体表」の中ではNo.754に《夭》と《口》をあわせた字体で掲出されており、備考欄に＊をつけて《夭》+《口》からなる「呑」があげられている。備考欄の＊は、当該の文字にデザイン差と位置づけられた別字があることを示す印であって、事実この「呑」については、「字体表」の末尾につけられる「個別デザイン差」のと

ころに二つの字体が掲げられている。しかし個別デザイン差とは、要するにこの字種に限ってはどちらの形を使って印刷してもかまいません、ということだから、ここに「呑」があったところで、別にこの字だけを使いなさいということにはならない。したがって、島田氏がいうような、もう一方の「呑」に「死の宣告」がされたことにはならないはずである。

❖個別デザイン差

この「個別デザイン差」は今回の「字体表」ではじめて導入された概念で、「字体表」の「参考1　表外漢字における字体の違いとデザインの違い」の5に、

表外漢字だけに適用されるデザイン差項目のうち、「特定の字種に適用されるもの（個別デザイン差）」とは、ここに示した文字にのみ適用するもので、他の文字に及ぼすことはできない。これは特定の字種において、異なる字形がそれぞれある程度の頻度で使用されていて、かつ、その当該の字形の異なりを他の字種には及ぼせないと判断した場合に、その実態に配慮して、このような扱いとしたものである。

と定義されている。ただしこの説明はいささか抽象的にすぎてわかりにくいので、ここで問題とされている「呑」について具体的に考えてみよう。

いま《天》+《口》の「呑」をAとし、《夭》+《口》の「呑」をBとする。

まず文字学的観点から考えれば、AとBは構成要素が異なっているから、異体字の関係にあると考えられる。たとえば「略」と「畧」のように、ある意味を表す漢字で、字義と字音がまったく同じであるにもかかわらず、異なった字形をもつものが数種類ある場合、慣習としてもっともよく使われ、社会的に標準と考えられ、使用が定着している字形を通用字体とし、それと異なった字形をもつものを異体字（また「別体字」「或体字」とも）と呼ぶ。上の例では「略」が通用字体、「畧」が異体字になる。

ただしこの分類は社会的な習慣に基づいた便宜的なものにすぎず、学問的に明確な基準やよりどころは存在しない。さらに標準に関する認識が時代によって異なることもある。たとえば「野」と「埜」は同音同義であり、漢字のもっとも正統的な規範を示すと意識される『説文解字』では「埜」が親字として建てられているが、しかし現実の社会では「野」の方がよく使われた。そこで一般には「野」を通用字体と考え、「埜」を異体字とする。

異体字を上のように定義すれば、「呑」のAとBはそれぞれどうなるか。要は過去の中国の規範的な字書でそれらがどのように扱われてきたかという点にある。そして幸いなことにこの字は『説文解字』に収録されているので、その解説が基準になる。

『説文解字』ではこの字は二篇上「口」部に収められ、

呑　咽也、从口天聲、

呑は、咽《のど》なり、口に従《したが》う、天の聲、

と記されている。『説文解字』に注釈を施した段玉裁《だんぎょくさい》が「今人は『呑』と『吐』を以て対挙するも、これに拠《よ》れば則ち咽喉をもと『呑』と名付く」と記すのによれば、「呑」とはもともとノドを意味する文字であって、「のむ」意味に用いるのは後に派生した用法ということになる。

本義はそうであるとして、この字の構造について『説文解字』は《口》を意符とし、《天》を音符とする形声文字としているから、上にあげた二つの字形のうちのAが正統的な字体で、Bは音符が通俗的に崩された俗字、ということになる。現在出版されているほとんどの漢和辞典でAが見出し字に掲出され、その後にBが俗字あるいは誤字として掲げているのは、上のような理由による。

❖「呑」の使用実態

しかし漢字の正体とか俗字とかいう概念は、いったいだれにとって必要なものなのだろうか。過去の中国で漢字の字形に関して正統的とされる規範が定められたのは、科挙《かきょ》という制度があったからにほかならない。

科挙は国家の中枢に位置する人材を選抜する試験であって、その重要性はあらゆるものに優先された。科挙が実施されたのは隋《ずい》代からであるが、それとほぼ同じ時代に楷書による文字の表記が普及しだし、同じ漢字がいくつかの異なった形で書かれるようになった。しかし科挙の試験をおこない、それを採点して受験者の優劣をつける作業にとっては、世の中で異体字が大量に使用されることは迷惑な話で、いたずらに混乱を招くばかりである。それで異体字を由緒正しい文字とそうでない通俗的な文字とに区別する必要が生じてきた。こうして唐代中期あたりから異体字を整理し、正字と俗字を区別しようとする傾向が顕著になってきた。こうして分類されたのが、今の漢和辞典などに使われている正字・別字・俗字・通字・誤字などのルーツである。

しかしそのような分類は、科挙やそれを支えた儒学一尊体制がとっくに崩壊している現代では、もはや万人に適用するべき価値観を示すものとしての役割を完全には担いえない。もちろん過去の文化遺産を正しく継承するために、学術専門書や漢和辞典などではその区別が明確かつ厳密に示されるべきであることは当然である。しかしこれからの文化にとって必要なのは、すでに過去のものとなった価値観ではないはずだ。それよりもむしろ、現在の文化が醸成されるプロセスで大きな作用を発揮してきたものを重視し、それにより大きな重みづけをあたえることの方が大切なはずだ。

それを漢字の問題にあてはめれば、漢字が中国の儒学一尊体制の中ではなく、日本の明治時代以来の時間の流れの中で、社会で実際にどのように使われてきたかという問題に帰着する。そしてその問題を考えるための最高の資料を、今期の国語審議会は所有していた。

❖『明朝体活字字形一覧』という名著

文化庁文化部国語課が編纂した『明朝体活字字形一覧』がそれである。これは漢字の字体を詳細に検討するための資料として、明朝体活字字形の変遷を字種ごとにまとめた資料である。資料のソースは佐藤タイポグラフィ研究所が所有する二十三種類の活字見本帳（一八二〇年から一九四六年まで）を中心とし、それに道光本『康熙字典』と『大漢和辞典』修訂版（大修館書店）の文字が参考として加えられている。

この資料を見れば、ある漢字が明朝体の活字においてどのように作成されてきたか、そのデザインの揺れや字形の差がはっきりとわかる。これを見れば、漢字にまつわるごく微少な差異やデザイン上の揺れを、各文字ごとに簡単に確認できる。

第二十二期国語審議会は、この『明朝体活字字形一覧』を使うことができてまことに幸せであった。この資料のおかげで、ずいぶん多くの問題が解決できた。この書物の制作に当たった関係者各位に心より敬意を表する次第である。

さてその伝家の宝刀ともいうべき『明朝体活字字形一覧』で「呑」がどうなっているかを

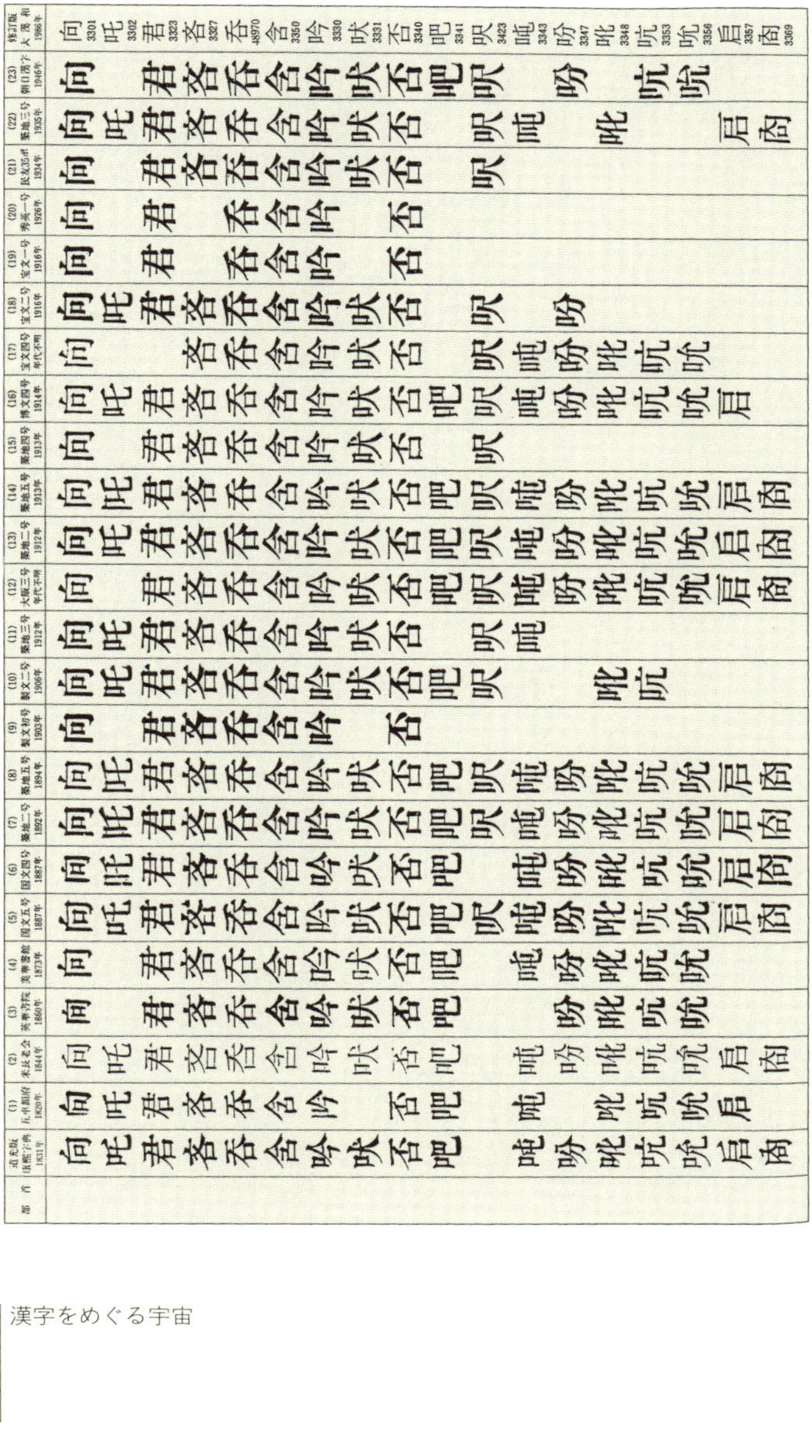

図23『明朝体活字字形一覧』(文化庁提供)

調べると、図版の通りであった。ご覧の通り、圧倒的にBの形であり、Aの形で活字を作っていたのはわずか二例にすぎない。

この事実から、日本では圧倒的にBが使われてきたと断言できる。そしてそれが日本での文字使用実態にほかならない。しかし伝統的な文字学にしたがえば、Aが「正字」であるべきだ。さてこの字の印刷標準字体は、いったいどうしたものだろうか。

これが漢和辞典の編集なら、まよわずAを正字とし、Bを誤字として掲げればよい。伝統的な学術体系での分類を示すのが漢和辞典の使命だからだ。しかし一般の日本人が漢字を使う時にまで、その分類が完全に適用されるべきであろうか。

ここで国語審議会が提起した「ウルトラC」が、「個別デザイン差」という考え方であった。この枠を設け、ここにAとBの「呑」を包括することによって、文字学的にも過去の実態とも整合性が取れるようにとはかったのである。

❖「叱」を巡る問題

「呑」よりももっと多くの意見が寄せられたのが「叱」という漢字だった。

「叱」も『説文』に収録されている漢字で、おなじく二篇上「口」部に、

叱　訶也、从口七聲

叱　は訶《しか》るなり、口に从《したが》う、七の聲

と記され、段玉裁の注には「訶は大言して怒るなり」とある。『説文解字』によればこの字は《口》を意符とし、《七》が音符。だから「昌栗切」（シツ）という字音が導き出される。ところがこの字と非常によく似た字に「叱」があって、こちらの方は右半分の旁が「匕」となっている。これは「化」（旧字体の「化」）の音符と共通であって、伝統的な中国の字書では、《口》+《七》の「叱」とはまったくの別字とされる。それで日本でも、「しかる」という漢字は右半分のツクリが《七》でなければならず、それを《匕》=旧字体の「化」のツクリや、あるいは《ヒ》=常用漢字の「化」のツクリに書くのは間違いである、と強く主張する人がいる。

国語審議会の試案に対するパブリックコメントでも、個別デザイン差として出している

「叱」は誤字だからそんな字は掲出せず、正字の「叱」だけを印刷標準字体とするべきだとの意見が何通か届いていた。

❖『集韻』という韻書

漢和辞典的に考えれば、「しかる」の正字は《口》+《七》の「叱」である。しかしそれを旧字体の「化」の音符と混同し、《七》の部分を《匕》と書いた文字が古くからあった。いっぽう、この《口》+《匕》の「叱」は「しかる」とは別字で、クワと読み、「口をあけたさま」をいう字だとする説がある。

この字を掲出するのは『集韻《しゅういん》』である。北宋の大中《だいちゅう》祥府《しょうふ》年間に『広韻《こういん》』という韻書《いんしょ》(発音引きの字書)が作られた。『広韻』は隋代に作られた『切韻《せついん》』以来の流れを汲む規範的な字音を示す正統的な韻書であるが、収録字数が二万六千あまりで、字数が少ないとの認識が完成直後からあったようだ。それでより多くの文字を収めた、もっと大きな韻書を作ろうと朝廷に奏上した学者がいた。こうして作られたのが『集韻』である。

宋の景祐《けいゆう》四(一〇三七)年に『広韻』の増訂が上奏され、仁宗から宋祁《そうき》や丁度《ていど》らに勅命が下った。増訂作業が完成したのは英宗の治平四（一〇六七）年のことであり、『集韻』と命名された。直接的には『広韻』の増訂を目的とし、書物の体裁としては『広韻』に準拠しているが、音注では反切用字（発音を示すために使われる漢字）を大きく改めており、また音韻体系も異なるので「切韻系韻書」の中には『集韻』は数えられない。

『集韻』は全十巻、平・上・去・入の各声調（これを四声という）ごとに分巻し、平声《ひょうせい》は上平・下平に各二巻、上・去・入の各声にそれぞれ二巻があてられる。平声が上下二部に分けられるのは所属の字数が多いためで、この体例は『広韻』と全く同じである。

『集韻』の収録字数は序文によれば五万三千五百二十五字といい、『広韻』に比べて二万字余りの増加である。ただしこの数字は延べ字数であり、そのまま信じてはいけない。というのは、一字に数種類の字音をもつ破音字は韻書では当然数箇所に重複して配されることとなるが、『集韻』の収録字数はそれらをすべて重複して数えているからである。実際の字数は、『集韻』を部首順に並べかえた『類篇《るいへん》』が序文に三万一千三百十九字と記しているので、それが『集韻』の実際の字数と思われるが、それでも『広韻』より五千字ほど増えている。

『集韻』は『広韻』の増補を目的としたものだから、より多くの文字とその異読を収めようとした。そのためたとえば唐の陸徳明《りくとくめい》『経典釈文《けいてんしゃくもん》』に見える異読などもすべてとりこんでいるが、しかしその中には伝統的な解釈学の中だけで理論的な字音として存在してきたものであり、現実には読まれることのなかった字音もある。『集韻』は当時存在したと思われるすべての文字と字音を網羅することを狙った字書なのであった。

『集韻』では、《口》+《七》の「叱」は入声《にっしょう》五「質」韻の小韻字（同音字ごとにグループ分けした見出し字）として「叱　尺栗切　説文、訶也」とあり、また「七」小韻（戚悉切）にも「叱声也、荘子、叱者吸者、徐邈讀」と異読を掲げる。一方の《口+匕》の「吪」は去声四十「禡」韻「化」小韻に「吪　開口貌」（口を開けるさま）とある。この記述によって「しかる」という意味の漢字を《口+匕》で書くのは誤字であるとされる。

しかし「開口貌」を意味する「吪」など、これまでの文献に一度でもその意味で使われた例があるのだろうか。この「開口貌」の意の「吪」を収録する字書は、いずれもその出典を『集韻』と記しているが、実際に使われた用例をまったく掲げていない。それはそうであろう、実際にその意味で使われた例などきっとないにちがいないのだから。つまりこの字は『集韻』だけにしか見えない文字なのである。

さてここで「叱」について、例の『明朝体活字字形一覧』を見てみると、ツクリが《七》のものと《匕》のものがちょうど半分半分くらいに分かれている。しかしここにあげられている《口》+《匕》の「叱」が「開口貌」の意味で使われたとはまず考えられない。この字もやはり「しかる」という意味で使われているにちがいなく、それならば日本での漢字の使用実態に基づいて、この二つの字体をデザイン差と考えるべきであろう。

この点で、「字体表」の個別デザイン差の説明に附けられた、

ここにはもともと別字とされる「叱（シツ・しかる）」と「叱（カ）」のようなものもあるが、実態としては、「叱」字形の方が「叱」字形よりも頻度高く用いられていることを重視したものである。

との説明が妥当であろう。

漢字の微細な差異に着目することは、専門書や漢和字書を編集する人間にはもちろん必要な作業である。しかし一般社会で実際に漢字を使おうとする場においては、あまり意味があ

るとも思えない。それどころか、過度の厳格さはむしろ学習者に対する恐怖感を抱かせるものとなる可能性もある。あまりにもこまかい差異に目くじらをたてるペダンティックな議論は、そろそろこのあたりで切りあげたいものだ。

あとがき

大学院入試の時に口頭試問があり、大学院でどんな研究をするつもりかと尋ねられたので、漢字の文化史を研究したいとの趣旨を答えると、面接担当の教授から即座に「その分野ではなかなかメシは食えないよ」と冷やかされたのを、ついこの間のことのように思い出す。

中国との国交正常化はその二年前のことだった。東京にやってきたパンダを一目見ようとして、動物園に連日長蛇の列ができていた。あちらこちらで開かれる中国物産展に多くの人が押し寄せ、「一衣帯水」の国の特産品を興味深げに買っていた。大学の講義でも、外国語科目として中国語を履修する学生が急にどっと増えた。

私とその同学（クラスメート）たちが大学院に入り、ヨチヨチ歩きながらも研究生活に足を踏み入れたのは、そんな底の浅い「中国ブーム」に日本中が沸き立っていたころだった。

この時代に中国の研究をしておられるとは、さすがにお目が高い！欧米中心の時代はもう終わり、これからはなんといっても中国の時代だ。あなたたちは本当に時代をよく読んでいますね、まったく先見の明がある。これからあなたたち中国研究者はきっと引っ張りだこでしょうねぇ…そんな見え透いた気持ちの悪いお世辞が、私たち中国屋のタマゴの周りを飛び交っていた。

私たちは中国のことが好きだから、中国のことをより深く知りたいと思って大学院に進んだのである。むろん分野はさまざまで、文学や歴史を専攻するものもいたし、芝居や音楽、あるいは絵画・書道に興味をもった仲間もいた。そして私の場合、そのターゲットが漢字だった、ということにすぎない。私たちはバスに乗り遅れまいとして中国を学んだわけではなかった。だから入試の面接で「そんな分野ではメシは食えないよ」と指導教官から言われること自体に、青臭いまでの矜持を感じたものだった。「中国のことなんかやってもカネにならんよ」と自嘲的に語る恩師を心から尊敬できたし、自分もそんなことを笑いながら言えるように早くなりたいものだ、と思った。

ところがそれから二十年、「漢字ブーム」がおこるなどいったい誰が予測できただろうか。漢字の書き取り試験に百万人以上の受験者がおしよせ、コンビニで漢字のパズル雑誌を茶髪ピアスが立ち読みしていたりする。「カネにならない」研究をやってきた者には驚くことの連続だ。

人さまから「ご専門は?」と聞かれて、「漢字をいろいろやってます」と答えた時に先方が示す反応が、ここ数年の間に変わってきたように感じる。以前よく感じた印象は、なんと…漢字ですかぁ…というものであった。「やっぱり男尊女卑の思想をお持ちですか?」と真顔で尋ねた女性もいた。研究者の人柄と研究対象は当然切り離して考えるべきなのに、漢字なんかを仕事としている者はきっと頭が固く、ウサンくさい性格のやつに違いないと決めてかかられることも多かった。

それが最近では、漢字と聞いて「おやっ、それはいいですね」と関心を寄せられるようになった。別にこの数年の間に私の人格が変わったわけではないだろうから、それだけ漢字に関する文化が社会に認知されてきたということなのだろう。

そうか、漢字が面白いというのは私ひとりではなかったのだな、と私はいま遅すぎる感動の中にいる。

漢字に関する論考がだいぶたまったのではないか、と大修館書店総合開発部の森田六朗氏から尋ねられたのが本書刊行のきっかけであった。企画から編集まで、森田氏から非常な尽力をたまわった。特に記して謝意を表する次第である。

平成十三年十月

阿辻哲次

初出一覧

漢字を楽しむ

虫歯の漢字学／講談社『本』（一九九四年四月号）

「みち」の漢字学／日本道路公団『みち』一一五号（一九九九年七月）

「妻」の原点を探れば／住友グループ『すみとも』五（一九九八年夏号）

北京の「漢蔵屋」／講談社『現代』（一九九五年一〇月号）

夏こそギョーザ／漢字能力検定協会『樫の木』二六四号（二〇〇〇年八月）

寒さを克服する方法／漢字能力検定協会『樫の木』二五六号（一九九九年一二月）

点画にこだわりすぎた男の話／（書下ろし）

地震とハマグリ／京都新聞（一九九五年九月二〇日）

中国の「バードウォッチング」／講談社『本』（二〇〇一年七月号）

象とペリカン…古代中国の珍獣世界／講談社『現代』（一九九三年一一月号）

遺跡と文物——漢字の背景

悲しい石碑の物語／東京書籍『ニューサポート』八号（二〇〇〇年四月）

馬王堆発掘のカラー写真／東京書籍『ニュー　サポート』一〇号（二〇〇一年一月）

石刻の発生／二玄社『中国法書ガイド2』（一九八八年七月）

筆記用具と書体の関係／芸術新聞社『墨』一三四号（一九九八年九月）

段玉裁の故郷をたずねて／大修館書店『月刊言語』（一九八八年二月号）

書は、いつから書なのか／二玄社『書画船1』（一九九八年六月）

現代中国における盗掘／大修館書店『月刊しにか』（一九九一年九月号）

皇帝と青銅器／日本放送出版協会『故宮　第一巻』（一九九六年五月）

漢字文化を考える

漢字と日本文化／小学館『本の窓』（一九九一年秋・臨時増刊号）

当節中国漢字事情／産経新聞社『正論』（一九九四年七月号）

日中関係と漢字文化／在家佛教協会『在家仏教』（一九九七年七月号）

ハイドロ・スタティック・ベアリングのこと／京都大学教養部報（一九九〇年四月）

ナポリで漢字を教える／聖教新聞社『聖教新聞』（一九九九年四月六日）

日・中・韓の「漢字交流」／聖教新聞社『聖教新聞』（二〇〇一年八月一二日）

漢字をめぐる宇宙

この世に漢字はいくつあるのか／大修館書店『月刊しにか』（一九九五年五月号）

国字作成のメカニズム／京都大学『人環フォーラム』一〇号（二〇〇一年三月）

異体字のはなし／大修館書店『月刊しにか』（二〇〇一年六月号）

「表外漢字字体表」作成までの字体に関する諸問題／勉誠出版『人文学と情報処理』三一号（二〇〇一年三月）

[著者紹介]

阿辻哲次（あつじ　てつじ）

1951年大阪市に生れる。京都大学文学部卒業、同大学大学院博士課程修了。現在、京都大学総合人間学部教授。専門は漢字を中心とした中国文字文化史。主な著書に『漢字学－説文解字の世界』（東海大学出版会）、『図説漢字の歴史』（大修館書店）、『漢字道楽』（講談社）などがある。

漢字のいい話

初版第1刷発行――――2001年11月8日
第4刷発行――――2002年9月1日

著者――――――阿辻哲次
発行者――――――鈴木一行
発行所――――――株式会社大修館書店
〒101-8466 東京都千代田区神田錦町3-24
電話 03-3295-6231（販売部）03-3294-2221（大代表）
振替 00190-7-40504
[出版情報] http://www.taishukan.co.jp

装丁者――――――井之上聖子
印刷所――――――壮光舎印刷
製本所――――――牧製本

ISBN4-469-23218-1 Printed in Japan